JUGÈMENT

SUR LES

MINISTRES ACTUELS.

Paris, imprimerie de Gaultier-Laguionie.

JUGEMENT

SUR LES

MINISTRES ACTUELS,

OU

EXAMEN DE LEUR CONDUITE

POLITIQUE ET PARLEMENTAIRE

PENDANT ET DEPUIS LA SESSION DE 1828;

SUIVI

D'OBSERVATIONS SUR LE COMITÉ SUPÉRIEUR DE LA GUERRE, SUR L'ACTE D'ACCUSATION DE L'ANCIEN MINISTÈRE, D'UN COUP-D'OEIL SUR LES SUBSISTANCES MILITAIRES, ETC.;

PAR J.-B. FLANDIN,

Chevalier de la Légion-d'honneur, commissaire des guerres en non activité auteur des RÉVÉLATIONS *sur la fin du ministère de M. le Cte de Villèle.*

Malheur aux nations chez lesquelles il n'est plus permis d'avertir le pouvoir de ses fautes, de lui montrer ses erreurs ! Déjà elles sont soumises à la tyrannie ; bientôt elles tomberont dans la servitude.

Par l'auteur.

A PARIS,

CHEZ A. FROUST, ÉDITEUR,

PALAIS-ROYAL, GALERIE DE PIERRE, N. 8;

PONTHIEU ET Cie, LIBRAIRES,

PALAIS-ROYAL;

LECOINTE, QUAI DES AUGUSTINS, No 49.

1829.

PRÉFACE.

Quoi! vous voulez publier les observations sur la conduite des ministres, que vous m'avez communiquées!

— Et pourquoi ne les publierais-je pas?

— Mais elles contiennent des vérités que des hommes placés si haut ne sont pas habitués à entendre.

— C'est justement pour cela que je les publie, que je les leur adresse. Le beau mérite qu'il y aurait à faire ce que tant d'autres auraient fait avant moi! Je n'aime pas les routes battues, vous le savez. Mes Mémoires au roi, que j'ai publiés dans mes Révélations (1), ont donné la mesure de ce que la franchise qui veut être utile peut oser sans manquer au respect dû à un grand pouvoir.

— Mais il est deux ministres que vous traitez bien sévèrement.

— Qu'importe que je sois sévère, si je suis vrai, si je suis équitable? toute la question est là; dans mon accusation je ne suis que narrateur. Si les conséquences que je tire de la conduite que ces ministres ont tenue sont justes, j'aurai rempli une noble tâche.

— Mais ne craignez-vous pas que l'on ne trouve dans certaines parties de vos réflexions une attaque contre la nature

(1) Révélations sur la fin du ministère de M. le comte de Villèle, ou détail de ma négociation de décembre 1827.

du pouvoir royal, que vous ne reconnaissez pas comme étant de droit divin?

— Je m'attends bien que les hommes *qui n'ont rien appris, rien oublié*, diront que j'attaque la royauté en faisant procéder son auguste ministère du contrat social, et non de la Divinité, qui n'est pour rien (tout ce qui se passe chez les divers peuples le prouve assez) dans les arrangemens des rois avec les peuples. Mais leur nombre est petit. Notre éducation politique, qui fait des progrès rapides, me ferait, au besoin, trouver des défenseurs dans les rangs mêmes des hommes du pouvoir, ou du moins ceux-ci n'oseraient incriminer juridiquement une doctrine qui a pour elle la raison, le fait et l'opinion des premiers publicistes de toutes les époques. Disons donc que le droit divin appliqué à la royauté est une locution qui ne se trouve plus, chez nous du moins, dans le vocabulaire du 19e siècle, et que le bon goût comme le bon sens l'ont exilée dans les états despotiques.

Il est pour les rois un droit plus véritable, et qui n'est pas une fiction : c'est celui qui résulte du dogme de la légitimité, de ce dogme qui est nécessaire à tout état dont l'étendue et la population n'admettent pas la forme républicaine, et qui ont besoin du gouvernement monarchique. Ce droit, quand il se fortifie de l'amour des peuples sur lesquels il est exercé, sera toujours respecté, sans qu'il soit besoin pour cela de faire intervenir la Divinité, contre laquelle c'est blasphémer, que de dire que les rois, et surtout certains rois, sont son image sur la terre.

— Vous parlez de la souveraineté du

peuple; vous dites qu'elle est la source primitive de tout pouvoir politique.

— Et quel est le sot ou l'insensé qui prétendrait le contraire? (1) Pour qu'il en fût autrement, il faudrait que les rois eussent précédé les peuples dans le grand œuvre de la création, ou que le Créateur de toutes choses eût fait naître, sur une terre de sa prédilection, un peuple de rois auxquels il aurait soumis toutes les nations, et duquel chacune d'elles eût dû tirer un souverain, un maître, un légis-

(1) Cette doctrine n'est pas seulement celle des prétendus philosophes ou des républicains; elle a été celle de nos rois eux-mêmes. Pour s'en convaincre, il suffit de consulter les ordonnances et déclarations de Louis XV, du Régent, des pairs du royaume, et les actes du parlement à l'occasion des prétentions des princes légitimés, et dans la supposition, alors trop fondée, de l'extinction de la race régnante.

lateur, un tyran..... Mais sans doute qu'alors ce peuple de rois eût reçu de la grace céleste toutes les vertus, toutes les connaissances qui ennoblissent l'être éminemment supérieur, et qui le placent de droit naturel au-dessus du vulgaire. Or, ouvrez l'histoire de tous les peuples, et dites-moi si c'est avec ces couleurs qu'elle peint les princes des divers âges, jusqu'à nos jours.

— Mais que vous promettez-vous de votre publication?

— Rien autre que cette satisfaction que l'honnête homme éprouve intérieurement, lorsqu'il croit avoir fait une chose utile à son pays.

— Vous voyez quel prix vous retirez de la négociation que vous fîtes en décembre 1827, et de la publicité que vous venez de lui donner. Vous avez voulu obtenir pour la France les satisfactions qu'elle réclame depuis si long-temps; elles vous avaient été accordées par le premier ministre, parlant au nom du roi... Eh bien! loin que l'on vous sache gré de tout ce que vous avez fait, vous trouvez des censeurs dans les rangs mêmes des hommes dont vous partagez les opinions, dont vous servîtes les intérêts constitutionnels. Excepté deux journaux (1) qui ont bien jugé de vos intentions, tous les autres ont parlé avec amertume, avec ironie de ce que vous avez fait.

— Je sais tout cela. Ce sont, que l'on me passe l'expression, des cliens qui prennent parti pour leurs patrons. Si la raison d'état, si le patriotisme, eussent parlé au cœur des hommes, que mes *Ré-*

---

(1) *Le Constitutionnel* et *le Commerce.*

vélations ont accusés, plus haut que ne l'ont fait la haine, une fausse délicatesse, ou l'ambition; si mon traité ministériel eût reçu son exécution, j'aurais été l'objet des éloges de ces mêmes journaux qui ont cru devoir entreprendre de justifier une injustifiable obstination à refuser le bien que j'apportais. J'ai échoué auprès de ceux qui devaient accueillir avec empressement mes ouvertures, et les conditions que j'avais stipulées dans les intérêts de la France constitutionnelle; le pays est privé, et pour long-temps, des satisfactions que j'avais obtenues.... Il faut bien que l'on dise que le résultat de ma négociation était inadmissible par ceux à qui je suis venu l'offrir; qu'ils se seraient déshonorés en l'acceptant; que mon *utopie* ne pouvait pas se réaliser; car si l'on admettait le contraire, on prononserait l'acte d'accusation de ceux qui ont fait d'une question d'état une question de personnes, qui ont sacrifié à leurs passions toutes les concessions sur les choses et sur les individus que j'avais stipulées comme condition de l'alliance de neuf membres de l'opposition constitutionnelle avec le président de l'ancien mitère. Or, nous ne sommes pas encore parvenus à ce degré de perfectibilité sociale qui ferait que les hommes sacrifieraient tout à la vérité, à la raison, à la justice.

— Dans vos réflexions, vous passez des ministres aux membres de la chambre élective, et vous signalez dans celle-ci des défections qui auraient eu lieu dans les rangs mêmes de l'opposition constitutionnelle. Ne craignez-vous pas de déplaire au parti dont vous avez cependant l'intention de servir les intérêts?

— D'abord je ne nomme personne, je ne parle que sommairement de ces défections, qui furent heureusement en petit nombre. Et puis elles ont obtenu le blâme général. J'aurai donc pour moi tous ceux qui sont demeurés fidèles à leur mandat; et peut-être que mes avertissemens et, plus que cela, le cynisme politique de certains ministres qui ont provoqué ces défections, et qui se sont joués des hommes qui ont eu la faiblesse de se ranger sous leurs bannières, parleront à la conscience de ceux-ci, les rameneront à la religion des sermens, et leur feront recouvrer cette indépendance sans laquelle les mandataires de la France ne sont plus que les auxiliaires d'un pouvoir dont ils doivent être les contrôleurs, les surveillans et les guides. Sous ce rapport, cette partie de mes réflexions sera donc utile : cette pensée me suffit.

— Enfin, vous aurez contre vous les journaux du parti dont vous attaquez les doctrines, dénoncez les projets, froissez les intérêts.

— Je leur répondrai : je blesserai de nouveaux traits ces ennemis de nos institutions. J'aurai inévitablement pour auxiliaires, dans cette lutte, les journaux qui sont les véritables organes de l'opinion publique, dont j'ai emprunté la voix et les crayons pour composer l'écrit que je vais publier.

— Comment pouvez-vous l'espérer, après le refus que plusieurs de ces journaux ont fait de donner place dans leurs colonnes aux réponses que vous leur avez faites, pour relever les erreurs dans lesquelles ils sont tombés en rendant compte ou en parlant de vos *Révélations*, pour combattre les raisonnemens dont ils ont appuyé la justification des hommes que vous avez signalés comme ayant refusé d'accéder à votre négociation de décembre 1827?

—Je vous l'ai déjà dit: si l'on admet ce qui est vrai, savoir : que les résultats de ma négociation apportaientau pays toutes les garanties, toutes les satisfactions pour lesquelles nous militons depuis si longtemps, si l'on admet cela, ce fut un crime politique de refuser de s'associer à cette grande œuvre. Or, ne pouvant nier ces résultats qui sont évidens, qui sont constatés par ma publication contre laquelle personne n'a osé s'inscrire en faux, il est tout naturel que l'on dise que cette association était impraticable, puisque c'est le seul moyen que l'on ait de détourner des hommes qui l'ont repoussée, l'odieux qui serait attaché à leurs refus. Je ne blâme point cette tactique, qui peut avoir son côté louable; mais le même intérêt, le même sentiment qui ont porté quelques journaux de l'opposition constitutionnelle à embrasser contre moi, dans cette circonstance, la défense des hommes dont il s'agit, m'assurent de leurs bonnes dispositions pour l'ouvrage que je vais publier et pour son auteur. Enfin mon parti est pris : il paraîtra le 30 de ce mois.

— Puisque votre résolution est arrêtée, je n'insiste plus. Mais vos réponses aux journaux qui ont mal jugé et vous, et votre négociation avec M. de Villèle, et qui se sont refusés à les publier, qu'en faites-vous? Le public a lu les mensonges, les sarcasmes de *Figaro ;* les censures du *Courrier ;* les observations mordantes et fort inexactes du *Globe ;* les dénégations assaisonnées de calomnies que la *Gazette* a portées contre vous ; les réflexions tant soit peu partiales du *Journal de Paris*.... Il serait, je crois, utile à votre réputation, non moins qu'à la chose publique, qu'il lût également vos réponses.... Ne pouvez-vous leur donner place dans votre nouvel écrit ?

— Vous avez raison. Rien de mieux pensé et de plus facile à exécuter. Je placerai mes réponses à la suite de mon écrit; et comme il est probable que ceux qui ont lu mes *Révélations*, voudront lire également cet écrit, qui en est pour ainsi dire comme la seconde partie, ils connaîtront les réponses auxquelles les journaux qui les ont provoquées ont refusé de donner asile, et pourront prononcer en connaissance de cause sur le grand procès que j'ai évoqué au tribunal des hommes impartiaux.

— Et quel titre donnerez-vous à votre ouvrage ?

— Comme d'après les règles de la raison le titre d'un ouvrage doit être l'indication rigoureuse du sujet qui y est traité, celui du mien devrait être : *Examen de la conduite politique et parlementaire des ministres, pendant et depuis la session de* 1828. Mais la raison financière, la raison marchande, ne se contentent pas de cette simple exposition du sujet d'un livre; il lui faut quelque chose qui frappe l'attention, qui l'attire, qui la captive; il lui faut un titre qui pique la curiosité publique... J'ai donc dû ajouter à celui de mon choix ces mots qui le précéderont : *Jugement des ministres*, ou Examen de leur conduite politique et parlementaire, etc.

— Vous prononcez donc des jugemens contre eux ?

— Non; je rassemble les matériaux de celui que l'opinion publique portera sur chacun d'eux; j'instruis un procès; je présente mon réquisitoire.... C'en est assez, je pense, pour justifier le sens un peu forcé du titre qui m'est imposé par mon éditeur.

— Je ne dis plus rien. Puissent les suffrages des hommes de bien vous dédommager de vos peines, et vous payer le prix dû à votre zèle, à votre courage et à votre patriotisme !

— J'accepte vos vœux, sans compter sur rien, et je m'abandonne au torrent qui m'entraîne.

AVANT-PROPOS.

Une vocation parlementaire tout-à-fait prononcée, bien qu'aucun talent analogue ne la justifie, m'ayant conduit, à peu près tous les jours, pendant la dernière session, aux séances de la chambre élective, je vais essayer d'environner de quelque utilité cette manière que j'adoptai d'employer une partie du temps que, depuis les catégories de 1815, il ne m'a plus été permis de consacrer à l'exercice de fonctions publiques que j'ai remplies pendant vingt ans avec honneur, et peut-être avec quelque distinction. Mes souvenirs ne se rattacheront qu'à ce qui s'est passé dans cette chambre.

Je n'entrerai pas, on le pense bien, dans tous les détails de la session de 1828; je ne suivrai pas chaque orateur, ministre ou député, dans tout ce qu'il a dit à la tribune; tel n'est pas mon plan : c'est à grands traits que j'esquisserai cette session, de laquelle la France attendait des résultats si prompts et si heureux.

A quoi servirait que je rappelasse les discours prononcés, les votes émis sur les différentes matières qui ont occupé la législature pendant cette année?

Sans doute, c'est un besoin pour les hommes qui s'occupent de nos affaires publiques, de connaître les opinions de ceux qui sont spécialement chargés de la défense de nos intérêts au sein de la chambre des députés, et la manière plus ou moins franche, plus ou moins courageuse dont ils les ont défendus. Mais les journaux ont pleinement, et chaque jour, et dans des revues données à la fin de la session, satisfait à ce besoin. Je ne pourrais donc que répéter ce qu'ils ont dit; or la répétition serait ici oiseuse, fatigante et sans utilité.

Une pensée plus élevée me domine : c'est sur le ministère que je veux ramener l'attention publique. Je veux, en rappelant les diverses circonstances de la session dans lesquelles il a dû faire sa profession de foi, établir ses doctrines, manifester ses intentions, dire les principes d'après lesquels il entendait gouverner; je veux mettre mes lecteurs et la France en état de se former une opinion à l'égard du ministère, d'apprécier les espérances ou les craintes qu'il autorise à concevoir.

Je procéderai méthodiquement, et pour chaque ministère séparément.

Je parlerai sans passion : en politique je n'ai que la passion du bien public. Sans haine : je ne peux point en avoir pour des ministres qu'à l'exception de trois (1), je ne connais pas personnellement.

(1) MM. le comte de La Ferronnays, vicomte de

Je serai vrai, je serai conséquent; car je n'invoquerai que les faits et la législation existante.

Si je me montre parfois sévère, c'est que la matière et la circonstance m'imposent la sévérité; c'est encore que j'ignore cet art, utile à soi, dangereux pour ceux à qui l'on parle ou pour qui l'on écrit, de forcer l'expression à donner un démenti à la pensée.

J'entre en matière :

Dans tous les états qui jouissent du gouvernement représentatif, c'est une chose reçue, une formule obligée de voir le discours que la couronne prononce à l'ouverture de chaque session, contenir l'énoncé des principes d'après lesquels le prince entend que ses ministres dirigent les affaires de son royaume; et c'est surtout alors qu'une administration oppresssive a fait naître chez

---

Caux, baron Hyde de Neuville, sont les seuls avec qui j'avais eu des relations antérieurement à l'ordonnance du 4 janvier 1828.

une nation de graves mécontentemens, que cette espèce de profession de foi devient indispensable.

Ceux qui ont lu l'historique de ma Négociation avec M. le comte de Villèle, savent ce que je dis au président du conseil et au monarque qu'il fallait faire dans cette circonstance, et avant l'ouverture de la session de 1828.

L'avis fut jugé bon, ou plutôt la situation des esprits bien connue, le besoin de les calmer bien senti, apprirent aux nouveaux conseillers de la couronne qu'il était urgent d'annoncer des satisfactions.

Le discours du trône qui intervint bientôt a beaucoup promis. Malgré l'ambiguité, calculée peut-être, de certaines de ses phrases, il avait imposé de grandes obligations aux ministres. Fut-il le manifeste de leurs intentions? Exprima-t-il celle du monarque? c'est ce que je n'ai pas à examiner. Pour moi, pour la France, il fut une déclaration solennelle de ce que l'on voulait, de ce que l'on devait faire pour rendre le calme aux esprits, vivement agités par les méfaits de la précédente administration.

Les ministres ont-ils réalisé les espérances données, tenu les promesses faites? Ont-ils, pendant la session, montré qu'ils étaient dans l'intention d'entrer franchement dans les voies constitutionnelles, de réparer le mal fait, les injustices commises? Est-il en leur puissance de faire tout cela?

La solution de ces questions se trouvera dans ce que l'on va lire.

INTRODUCTION

A L'EXAMEN

DE LA CONDUITE PARLEMENTAIRE ET POLITIQUE

DES MINISTRES.

On a vu dans l'historique de ma Négociation avec M. le comte de Villèle, que ce ministre, averti par les élections de novembre 1827 de la conduite politique qu'il devait suivre s'il voulait conserver le pouvoir qu'il tenait de la confiance du roi, n'hésita pas à sacrifier les hommes et les principes anti-constitutionnels qu'il avait défendus jusqu'alors, et à rentrer franchement dans les voies de la Charte. On a vu que, pour arriver à ce résultat, il traita avec moi de son maintien aux affaires à des conditions qui lui feraient honneur, et qui l'auraient absous, au tribunal de la France, de tout le mal qu'il lui a fait ou laissé faire pendant les cinq longues années qu'a duré l'administration qu'il présida, si ce traité avait reçu son exécution.... Je ne reviendrai pas sur ce que j'ai dit à ce sujet ; ceux qui ont lu cet écrit ont dû en conserver le souvenir.

Cette circonstance doit être une grande leçon pour la France et pour ses mandataires; elle prouve que ce n'est que lorsque MM. les ministres craignent de perdre leurs portefeuilles, qu'ils se convertissent aux doctrines constitutionnelles, qu'ils retrouvent la force de résister aux influences qui repoussent ces doctrines. Pourquoi cela? parce que ces doctrines sont celles de l'immense majorité des Français ; parce que la force n'existe qu'au milieu de cette majorité, et qu'il est tout naturel que les ministres viennent l'y chercher lorsqu'ils sentent le besoin d'un appui contre les intrigues du parti qui poursuit le renversement de la Charte, et convoite ardemment le ministère comme le premier moyen de hâter cette catastrophe, objet constant de ses vœux criminels.

Au lieu de ces conditions, qu'avons-nous obtenu de la nouvelle administration? Qu'a-t-elle fait, depuis près d'un an qu'elle est chargée des affaires du pays, pour remplir les intentions si noblement manifestées dans le discours du trône? Rien, ou du moins bien peu de chose, en comparaison de ce qui lui reste à faire.

Je n'aurais pas rappelé ces circonstances extraordinaires si elles n'avaient une connexion évidente avec la formation du nouveau conseil, et, par suite, avec la situation dans laquelle la France est placée vis-à-vis de la nouvelle administration.

Tous les précédens, dont j'ai livré la connaissance au public, étaient connus des nouveaux ministres ; l'agitation des esprits était grande...... on avait tant souffert sous l'ancienne administration.... ! On demandait des garanties, des satisfactions. La tranquillité du pays, la sécurité, le bonheur du trône, exigeaient qu'elles fussent accordées; on crut devoir les promettre... le discours de la couronne vint annoncer l'intention où l'on était de satisfaire à ce pressant besoin....

Quel homme, quel Français ami de son pays n'y a pas vu un gage d'espérance? Et cependant qu'ont fait MM. les ministres pour exécuter cette grande, cette noble pensée du monarque? qu'ont-ils entrepris pour mettre notre législation en harmonie avec la Charte? Ont-ils pris d'eux-mêmes la résolution de rester sourds aux vœux du pays? ou bien cette résolution leur est-elle imposée? C'est ce que je n'examinerai pas ici. Les actes, les discours, le silence même des ministres, quelle que soit l'influence à laquelle ils cèdent, voilà ce qui rentre dans mon droit d'examen.

Rappelons à notre souvenir les discours que plusieurs d'entre eux sont venus prononcer à la tribune, et demandons-nous si les doctrines qu'ils y ont professées ont toujours été en harmonie avec les promesses solennelles du trône, avec les principes constitutionnels? Examinons si, loin de présenter cet heureux accord, elles ne furent pas trop souvent autant d'attaques contre les prérogatives de la chambre, et contre notre Charte dont le roi a cru convenable, nécessaire, de jurer de nouveau la religieuse exécution dans le discours d'ouverture de la dernière session. Nous pourrons juger, d'après cela, si l'on ne doit pas déplorer que le traité, que j'avais comme arrêté avec le président de l'ancien conseil, n'ait pas reçu son exécution!

Je prie le lecteur de suivre avec moi la marche du ministère depuis que la session a été ouverte, et celle de chaque ministre en particulier.

CHAPITRE PREMIER.

SOMMAIRE.

M. le garde-des-sceaux. — Son mépris des lois du royaume, en ce qui concerne les jésuites. — Son respect pour eux. — La protection qu'il leur accorde. — Étrange maxime professée à la tribune par ce ministre. — La magistrature attaquée par lui.

Dans l'ordre hiérarchique des attributions ministérielles, se présente d'abord M. le garde-des-sceaux.

Pair de France, rapporteur dans la chambre haute d'une pétition que le beau caractère de son auteur et la matière ont rendue fameuse (1), il conclut, alors qu'il n'était pas ministre du roi, à la prise en considération de cette pétition, et à son renvoi au président du conseil et au garde-des-sceaux de

---

(1) M. le comte Montlosier. Sa pétition contre les Jésuites.

cette époque, pour qu'il y fût fait droit aux termes de la législation existante.

Devenu garde-des-sceaux lui-même, qu'a-t-il fait en vertu de ce renvoi que méprisa audacieusement son prédécesseur? Il ne s'est pas même occupé de la matière! Une commission pour connaître de l'organisation et de l'utilité des petits séminaires, c'est-à-dire, de ces établissemens dirigés par des jésuites; des ordonnances qui n'imposent qu'un serment aux directeurs des écoles préparatoires ecclésiastiques (1), voilà tout ce que la France, justement effrayée de l'envahissement de son territoire par la faction jésuitique, a pu obtenir de sa sollicitude!

On a vu comment cette commission a résolu la question, et avec quel respect le parti-prêtre a accueilli ces ordonnances, quelle obéissance elles ont obtenue de lui (2).....

---

(1) Le ministère, on l'a vu, et S. E. Mgr l'Archevêque de Paris l'a annoncé comme un triomphe du parti-prêtre, n'a pas même pu obtenir de tous nos prélats l'exécution de ces ordonnances, sous ce rapport.

(2) On connaît l'*Etiamsi omnes*, *ego non* de mon-

Et, cependant, c'est ce même ministre qui est venu à la tribune, lorsqu'un honorable député y eut déclaré que les décisions de la chambre étaient souveraines en matière de

---

seigneur l'Archevêque de Toulouse. Depuis, *la voix de Sa Sainteté s'étant fait entendre*, M. de Clermont-Tonnerre a bien voulu adhérer aux ordonnances royales. Mais dussé-je déplaire à nos prélats, et attirer sur moi les foudres du Vatican, je dirai que la manière et les termes de l'adhésion de M. *de Toulouse* ne sont autre chose qu'une seconde impertinence ajoutée à celle contenue dans la devise latine ci-dessus rappelée; et je ne partage pas cette opinion d'un journal estimable *, que *le dénouement de cette affaire est un gage sûr que les résistances efficaces, dangereuses à la marche du gouvernement, ne viendront jamais du clergé*. Cela pourra être tant que le gouvernement suivra une marche oblique, et plus penchée du côté du parti-prêtre et de la vieille aristocratie, que vers celui des intérêts constitutionnels : il en sera tout autrement lorsque le contraire arrivera. Que le gouvernement ose, par exemple, supprimer le ministère bien inutile, et peut-être bien dangereux, des cultes, et exécuter franchement et pleinement les lois du royaume à l'égard

* Les *Débats*.

vérification des pouvoirs de ses membres, c'est ce même ministre qui est venu gravement, et avec une fierté peu convenable, peut-être, dire que la chambre n'exerçait aucune souveraineté; que la loi seule était souveraine.....

Oui, dirais-je à ce ministre, oui, la loi est souveraine; et j'ajoute que sa souveraineté est supérieure à toute autre souveraineté. Cette maxime est celle qui doit régir tous les peuples amis de l'ordre et de la liberté.

Mais, si la loi est souveraine, dites-nous, ô vous qui le proclamez, dites-nous pourquoi, vous l'homme de la loi et son premier organe, vous ne vous imposez pas le devoir de la faire respecter? Dites-nous pourquoi, au mépris de nos lois, vous souffrez que des corporations religieuses, des agrégations d'hommes, illégalement établies dans notre pays, n'y obéissent qu'à un souverain étran-

---

des jésuites, des congrégations et de leurs adhérens; qu'il l'ose, et l'on verra si les prêtres, si nos prélats, si le clergé de France, n'opposera aucune résistance à ses actes... !

ger? Pourquoi vous tolérez que des congrégations des deux sexes se créent, s'organisent, s'établissent dans notre patrie; s'y emparent clandestinement de la puissance temporelle; dominent dans le conseil du prince; envahissent toutes les avenues du pouvoir; tourmentent la société; oppriment les familles, et aiguisent, peut-être, dans l'ombre les poignards de la guerre civile ou ceux qui doivent percer le cœur de celui de nos princes qui oserait ordonner l'expulsion hors du royaume de ces artisans de désordres, de ces fauteurs de rebellion à la loi fondamentale, de ces ennemis de tout pouvoir qui ne veut pas se laisser dominer par eux, de cette milice ultramontaine qui ose essayer de soumettre de nouveau à son joug, à l'obéissance d'un prêtre, les peuples et les rois qui ont l'imprudence de leur donner asile?

Mais, dira M. le garde-des-sceaux, les uns sont autorisés par une ordonnance royale à s'établir en France; les autres n'y ont qu'une existence purement religieuse, et la Charte a voulu que l'exercice du culte fût libre.

A cela je lui répondrai:

Premièrement, que des ordonnances royales ne sont pas des lois; que nul pouvoir en France ne peut autoriser, tolérer ce que la loi défend. Or, les lois existantes ont prohibé toutes les congrégations d'hommes et de femmes; elles ont expulsé hors du royaume ces hommes, ces religieux que l'on nomme jésuites, et dont la France se voit de nouveau infestée; et vous le savez, monsieur, vous l'avez dit, proclamé à la tribune : *la loi est souveraine.*

Secondement, que, par la liberté des cultes, établie comme un droit par la Charte, il faut entendre: la protection que le gouvernement doit également à l'exercice de tous les cultes; mais que ce serait abuser étrangement des mots, que de voir dans ceux qui ont consacré ce principe d'une sage tolérance, une autorisation pour l'établissement des jésuites et de leurs adhérens dans le royaume, sous le prétexte que ce sont des prêtres, et qu'ils viennent y exercer le culte catholique.

La Charte protége toutes les religions des

regnicoles qui se reconnaissent sujets de nos lois; mais, loin de protéger les individus qui n'obéissent ni à nos lois ni au prince; qui se déclarent sujets d'un prince étranger et ne veulent obéir qu'à lui ; loin qu'elle autorise ou protége leur établissement politique ou religieux en France, elle les repousse; car ceux-là seuls peuvent se placer sous sa protection, qui lui jurent obéissance et soumission. Or, dites-nous, monsieur, si telle est la disposition des jésuites, de leurs affiliés ou adhérens...?

Quoi! le président de l'ancien conseil aurait osé accepter, pour base d'un arrangement qui plaçait à côté de lui, dans le conseil, neuf membres bien connus par leurs principes éminemment constitutionnels; il aurait osé accepter la condition que les lois du royaume seraient soudain exécutées contre ces infracteurs cloîtrés; il l'aurait fait en s'étayant de l'autorité du monarque; et vous, monsieur, vous qui succédez à ce ministre, vous de qui la France attendait, de qui elle était en droit d'attendre l'effet des promesses faites par le discours du trône, l'exécution des lois du royaume, de ces lois dont vous avez cru nécessaire de proclamer la souveraineté dans la chambre, vous souffrez qu'elles soient enfreintes ; vous autorisez l'établissement en France d'hommes, de religieux que nos lois réprouvent, qu'elles en bannissent; vous ravivez la plaie du pays ; vous alimentez par votre coupable tolérance ce foyer de désordres et des plus coupables intrigues; vous élargissez encore davantage cet antre où se forgent, comme je vous l'ai déjà dit, les armes de la guerre civile, où se préparent, peut-être, des bouleversemens, des catastrophes qui entraîneraient avec eux des destinées augustes, à la sûreté desquelles, cependant, comme premier magistrat du royaume, vous devez veiller et que vous devez garantir contre toute espèce d'attentat.

Mais, à quoi sert d'invoquer contre M. le garde-des-sceaux, et sa conduite dans la chambre haute, et les lois du royaume dont il étouffe la voix? Ne l'a-t-on pas entendu dire, dans la chambre élective (1),

---

(1) Séance du 2 juin.

que les jésuites étaient d'utiles auxiliaires, et rendre hommage à leurs vertus.....

Quoi! les hommes qui professent les doctrines à l'aide desquelles un poignard a été dirigé dans le sein de Henri IV, de ce roi qu'à bon droit on pouvait nommer le père de la patrie, ces hommes seraient d'utiles auxiliaires! Quoi! les Jean Chatel, les Jacques Clément, ces assassins affiliés aux jésuites, jésuites eux-mêmes, et que les jésuites honorent encore comme des martyrs, seraient, de nos jours, d'utiles auxiliaires! Et pour quelle œuvre, pour quels exploits pourraient-ils l'être! Ils n'ont su qu'assassiner les rois, pervertir la jeunesse, porter le désordre et la ruine au sein des familles.....

Ministre imprudent! avez-vous bien réfléchi à ce que vous avez dit, aux conséquences que la malveillance pourrait tirer de vos paroles?

Ah! il suffit que ces paroles aient été prononcées par M. le garde-des-sceaux, pour que la France ne puisse plus attendre de lui sa délivrance de ces prêtres audacieux, de ces perturbateurs de la paix publique, de ces spoliateurs mystiques du patrimoine des familles : d'autres combinaisons ministérielles pourront seules amener ce résultat.

En vain M. le garde-des sceaux viendrait-il dire que, dans une question d'un si haut intérêt il doit prendre les ordres du roi : Ce serait dire et donner à penser que le roi peut avoir une volonté contraire à la loi. Mais nous ne sommes plus au temps où l'on disait : *Si veut le roi, si veut la loi.* Il est une volonté qui domine toutes les volontés, qui veut être obéie, à laquelle tout ce qui respire en France, prince comme citoyen, doit respect et soumission, et que M. le garde-des-sceaux eût dû comprendre et faire exécuter. Cette volonté, c'est celle de la loi. Or, la loi a prononcé l'expulsion des jésuites hors du royaume.

Qui donc, d'après cela, quel conseil, quel pouvoir oserait décider qu'ils doivent y être rétablis ou même tolérés?

Mais M. le garde-des-sceaux ne s'est pas borné, pendant la session, à mettre les jésuites sous la protection de la simarre.

Une doctrine bien étrange qu'il a cru pouvoir professer à la tribune, à l'occasion de la vérification des lettres de grande naturalisation qui ont été accordées à M. le prince de Hohenlohe, prouve que ses principes politiques sont loin d'être en harmonie avec notre droit public.

Comme de pareilles lettres et la faveur qu'elles concèdent ont toujours été, sous nos anciens rois, le prix des plus grands services; comme il fallait motiver celles dont il s'agit pour que l'on pût accorder l'adhésion constitutionnelle à leur délivrance, on a, à défaut de services rendus au pays par M. le prince de Hohenlohe, rappelé ceux qu'il a pu rendre, dans des jours de malheur, à la personne du roi et à sa famille; et comme il fallait encore, dans l'espèce qui occupait la chambre, donner à ces services privés un caractère qui obligeât le pays, on a dit, M. le garde-des-sceaux n'a pas craint de dire que les services dont il est question avaient été rendus à la France, parce que, a-t-il dit, *là où est le roi, aussi est la France*..... (1); maxime étrange, qui nous re-

---

(1) Séance du 25 avril 1828. (*Moniteur*.)

porterait au temps de la plus humiliante servitude, en faisant d'une nation comme la nôtre les serfs, les valets d'un homme, d'une famille! car le maître seul transporte avec lui, pour lui, pour ses esclaves, pour ses domestiques, son domicile réel et politique partout où il est lui-même. Or, ils sont bien loin de notre époque les temps où les Français voyaient un maître dans leur roi. La Charte, et, avant elle, les édits, les lois, les capitulaires, qui ont reconnu nos franchises, ont établi entre le prince et nous des rapports d'un autre ordre. Nous ne sommes plus des esclaves soumis au bon plaisir d'un maître. Nous sommes un peuple libre, sur lequel règne un roi constitutionnel. Que l'on cesse donc de nous parler, au 19e siècle, un langage qui eût à peine été toléré au 12e!

Mais, rentrant dans la question, je dirai à M. le garde-des-sceaux : Si la France *était* là où *étaient* les princes de la maison qui règne aujourd'hui sur nous, qui y régnait avant la révolution, dites-nous ce qu'était cette agglomération de villes, de communes qui occupent ce territoire que les autres nations n'ont jamais cessé de nommer la France, et quel nom il fallait donner aux trente millions d'habitans qui les peuplaient? Dites-nous pourquoi les souverains étrangers, même ceux qui donnèrent un noble asile à nos princes, ont toujours appelé du nom de *France* notre pays, et reconnu comme chef du gouvernement français le souverain duquel ils ont vingt fois reçu la paix?

Et vous, monsieur, qui osez nous prêcher une morale politique si peu d'accord avec nos institutions constitutionnelles, dites-nous où vous étiez, ce que vous faisiez pour les princes auxquels vous attribuez le pouvoir surnaturel de transporter le pays partout où les circonstances les entraînent; dites-nous où vous étiez, ce que vous faisiez pour eux à une autre époque de malheur, assez récente pour que vous n'ayez pas perdu le souvenir de vos actions pendant cette époque? Demeuré au sein de la patrie, sans doute vous déploriez le malheur d'être exilé loin d'elle.....

Non, la patrie ne se transporte pas au gré d'un individu sous toutes les latitudes, dans tous les climats. La patrie, c'est la famille, c'est la société au milieu de laquelle on est né, avec laquelle on vit, où l'on a ses intérêts, ses affections; c'est l'état libre dont on fait partie.

Et ici, je prie que l'on remarque bien où nous conduirait cette maxime servile de M. le garde-des-sceaux.

Selon lui, les Français qui n'ont pas quitté le sol de la France véritable, qui l'ont défendu contre l'étranger, qui l'ont conservé à la restauration; ces Français auraient déserté la patrie...! Et ceux qui l'ont abandonné, qui sont allés soulever contre lui la colère et les forces des rois étrangers; ceux-là auraient amené le pays avec eux, ceux-là seraient seuls demeurés fidèles à la France...!

Ainsi, selon cette maxime de M. le garde-des-sceaux, ce n'est pas pour la patrie, telle que je l'ai définie d'après l'opinion de tous les pays et de tous les siècles; ce n'est pas pour cette patrie que l'on doit sacrifier et ses biens et sa vie; c'est pour un homme, c'est pour une famille....!

Heureusement que la raison fait justice

de cette politique mesquine, hypocrite, surannée, avec laquelle on cherche encore à caresser le pouvoir ; de ces principes anti-sociaux à l'aide desquels on voudrait rapporter tout un pays comme le nôtre à un homme, à une famille ; ne permettre de voir la patrie que là où cet homme, cette famille, se trouveraient.

Les rois ont sans doute une grande puissance, de larges prérogatives ; ils sont placés dans une sphère protégée par une prudente inviolabilité. Mais toutes ces choses ne résultent ni d'un droit de naissance, ni du droit de conquête ; aucun pouvoir surnaturel et divin ne les a établies : elles sont l'expression du contrat social, elles furent ainsi réglées et acceptées pour le bonheur des nations, et non pour nourrir la vanité de quelques familles. Les dignités de roi, d'empereur, ne désignent qu'une magistrature suprême créée par la civilisation pour satisfaire aux besoins sociaux, dont ceux qui en sont revêtus sont comptables envers la patrie, qu'ils ne peuvent transporter sur une terre étrangère, et qu'ils ne doivent exercer qu'au nom des lois, et pour le bien-être de la grande famille à laquelle les ont placés, d'abord la souveraineté du peuple, cette source primitive de la suprême puissance, et, plus tard, les lois qu'elle a faites ou acceptées.

D'où cette conséquence nécessaire, inévitable, présentée comme une maxime par l'une des lumières de notre Église, par Massillon, prêchant devant le monarque, que les rois sont faits pour les peuples, et non les peuples pour les rois; d'où la conséquence encore, que, d'après la loi politique, comme d'après la loi naturelle, le pays est immuable, même alors que le prince change, ou que des circonstances quelconques lui ôtent le gouvernement et l'entraînent sur un territoire étranger.

La maxime de laquelle ces conséquences si naturelles découlent a pour elle l'autorité de l'histoire et celle de la raison. Elle était celle d'un grand prince, de Trajan, qui eut si peu d'imitateurs.

Sans doute on la trouvera plus juste, plus sage que celle que M. le garde-des-sceaux n'a pas craint de professer, et sur laquelle la tâche que je me suis imposée ne m'a pas permis de me taire.

Il me reste encore à rappeler au souvenir du lecteur une autre opinion du même ministre qui semble s'être imposé l'obligation d'attaquer, d'essayer de flétrir tout ce qui se montre trop favorable à l'exercice de nos droits constitutionnels...

Je sais qu'en m'exprimant ainsi je prononce contre ce ministre un jugement sévère... J'accepte les conséquences de mon accusation; et, s'il me fallait la soutenir, ce serait dans ses discours que j'irais chercher mes preuves.

Le temps des ménagemens est passé; celui des vérités lui a succédé. La vérité est le besoin du jour. Tant pis pour ceux qu'elle blesse, dont elle déjoue les projets ou découvre les faiblesses. Si ce que je dis est vrai, s'il est utile, nécessaire de faire entendre la vérité, je n'ai pas outrepassé le droit qu'a tout Français de publier ses opinions sur la conduite, sur les actes du pouvoir.

Et comment croire, par exemple, à la sincérité des intentions de M. le garde-des-sceaux en matière de doctrines constitutionnelles, après l'avoir vu s'efforcer de nous armer de défiance contre la magistrature (1), qu'il nous a montrée comme étant plus dangereuse pour le pays et pour nos institutions, que ne le sont les agens de l'administration; ce qui est un langage assez étrange de la part du chef de cette magistrature?

Et quelle raison M. le garde-des-sceaux a-t-il donnée à l'appui de cette opinion? Par quelle considération a-t-il justifié cette espèce de flétrissure civique, aussi imprudente qu'elle est injuste, qu'il a essayé d'imprimer sur la magistrature? Cette raison, cette considération, il les trouve dans l'inamovibilité légale de ses membres; conséquence fausse, insidieuse, sous laquelle ce ministre a vainement voulu cacher sa véritable pensée, et à laquelle donnent hautement un démenti les services que cette même magistrature a rendus à nos institutions, en défendant, en protégeant celles de nos libertés publiques

---

(1) Séance du 7 mai.

que d'odieuses poursuites ont forcées de se réfugier sous sa toge, par des arrêts qui ont répandu l'effroi dans les rangs de la faction qui veut réellement détruire nos institutions et enchaîner nos libertés; faction, il faut le répéter, que M. le garde-des-sceaux, soit par faiblesse, soit par sentiment, semble avoir prise sous sa protection.

Mais le lecteur pensera avec moi, contre M. le garde-des-sceaux, que ce n'est pas pour les libertés publiques que les corps inamovibles sont dangereux; car ces libertés sont le bien, la sauvegarde de ces corps comme ceux de la nation. Elles rendent en force à la magistrature ce que celle-ci leur donne en protection, et sous leur empire on ne verra plus se renouveler le scandale des exils prononcés par le bon plaisir. C'est pour le despotisme que les corps inamovibles sont à craindre; pour le despotisme, qui trouvera toujours les corps amovibles, les agens révocables à volonté, disposés à lui servir d'instrumens. La belle et noble conduite de la chambre des pairs dans plusieurs circonstances; celle de la magistrature dans plusieurs procès intentés par le despotisme ministériel contre la plus vitale de nos libertés ; l'une et l'autre viennent à l'appui de cette vérité.

Bien loin donc que l'on dût accepter la défiance que M. le garde-des-sceaux a cherché à inspirer contre les corps inamovibles et, dans l'espèce, contre la magistrature, mon opinion est que l'on doit faire des vœux pour qu'une mesure législative organise, enfin, sous une forme moins précaire, moins capricieuse, plus stable, le personnel des hauts fonctionnaires, et rende aux préfets cette noble indépendance qui résultera toujours de l'inamovibilité des fonctions, même alors qu'elle ne sera pas l'effet naturel du caractère, des principes politiques des fonctionnaires.

CHAPITRE SECOND.

SOMMAIRE.

M. le ministre de l'intérieur.—Ce ministre s'établit le défenseur des fonctionnaires publics prévenus de fraude en matière électorale.—Influence du gouvernement sur les élections, soutenue par lui comme un droit. — Souveraineté de la chambre des députés en matière de vérification des pouvoirs de ses membres, déniée par ce ministre.—Présentation des lois sur la formation des listes électorales et du jury, et sur la liberté de la presse.

La chambre élective a ouvert la session de 1828 comme toutes les précédentes, par la vérification des pouvoirs de ses membres.

Il semblait au bon sens et à la raison que le ministère dût rester étranger à un débat qui ne se rattachait qu'à la constitution morale et politique de la chambre : il en jugea autrement; il crut qu'il était de son devoir et de sa dignité d'entrer dans la lice, d'embrasser la défense de ceux de ses agens qui étaient désignés comme ayant exercé sur les élections une fâcheuse influence.

On se souvient des discours que M. le ministre de l'intérieur prononça dans cette circonstance (1), et dans lesquels il a, entre autres doctrines destructives de la liberté et de la vérité des élections, émis celles-ci, savoir :

1° Que le gouvernement devait exercer une action puissante sur les élections, ce qui est la même chose que s'il eût dit que le gouvernement devait les dominer ; car on sait que ce n'est jamais en suppliant, et les mains vides, qu'il se présente lorsqu'il s'agit des intérêts de sa politique particulière.

2° Que la chambre n'a pas le droit d'examiner si de faux électeurs ont participé aux élections, ni de prononcer, pour ce cas, l'ajournement de l'admission d'aucun député.

Maximes étranges que M. Royer-Collard a réfutées avec cette force de logique et cette haute raison qui le distinguent, en soutenant, contre l'opinion de M. le ministre de l'intérieur, et contre celle de M. le garde-des-

(1) Particulièrement aux séances des 13, 15, 19 février.

sceaux, « que la chambre était souveraine « dans la vérification des pouvoirs de ses « membres ; qu'aucune législation ne peut « restreindre les pouvoirs qu'elle exerce dans « ce cas, où elle prononce comme jury.... »

Examinant la même question, un honorable député (1) avait dit : « Le pouvoir n'a « pas, en matière d'élections, comme dans « les autres matières, des intérêts conformes « à ceux du pays.... »

C'était éveiller l'attention des électeurs sur les efforts que le gouvernement fera toujours, avec plus ou moins de pudeur, pour obtenir l'élection des hommes sur la faiblesse ou sur le dévouement desquels il peut compter.

M. le ministre de l'intérieur avait trop le sentiment de ses devoirs, comme ministre, pour ne pas protester contre des paroles qui contenaient l'aveu de cette rivalité malheureuse qui existe entre le gouvernement et la nation, chaque fois qu'il s'agit d'élire les

---

(1) M. Mauguin, le 7 mai.

mandataires de celle-ci ; mais trop adroit pour essayer de les combattre telles qu'elles ont été prononcées, il les travestit en les généralisant, en faisant dire à l'orateur que *le pouvoir, en France, a des intérêts contraires à ceux du pays ;* tandis que cet orateur n'avait entendu cette différence d'intérêts qu'en matière d'élections. Or la preuve qu'elle existe cette différence, et que le pouvoir, ou les ministres qui le manient ont, en cette matière, un intérêt différent de celui du pays, c'est ce principe que M. le ministre de l'intérieur s'est efforcé de faire prévaloir (1), que *le gouvernement doit conserver une influence puissante sur les élections ;* car il est évident que, si l'intérêt du gouvernement était, sur ce point, conforme à celui du pays, il ne croirait pas avoir besoin d'exercer cette action puissante, qui ne peut avoir pour but que de lui procurer des élus de son choix ; il renoncerait à l'exercer, et laisserait au pays toute liberté de faire des élections analogues

---

(1) Séance du 13 février.

aux intérêts que les élus auraient à défendre ou à protéger auprès du gouvernement.

Si donc celui-ci croit avoir besoin d'exercer cette action, et s'il l'exerce, c'est que son intérêt, un intérêt qui n'est pas toujours celui du pays, ou selon son vœu constitutionnel, lui commande d'avoir recours à ce moyen illégitime, anti-constitutionnel, d'amener à la législature des députés qu'il connaît pour être plus amis du pouvoir que des intérêts nationaux; plus disposés à lui sacrifier ceux-ci, qu'à les défendre, au risque de lui déplaire.

Cependant le ministère qui n'avait pris la place de l'ancienne administration que pour réparer le mal qu'elle avait fait, pour donner au pays les satisfactions qu'elle lui avait refusées, sentit qu'il ne pouvait pas rester immobile au milieu du grand mouvement constitutionnel que les dernières élections avaient fait naître, et qu'il fallait, enfin, qu'il fît ou qu'il eût l'air de faire quelques concessions à l'opinion publique; il présenta donc (1) des lois qui étaient, qui sont, il est

(1) Les 15 mars et 14 avril.

juste de le reconnaître, une première manifestation d'intentions louables..... Je veux parler de la loi sur la révision des listes électorales et du jury, et de celle sur la presse périodique (1).

---

(1) Il est juste de dire que la pensée de cette première loi, qui a préparé, assuré, peut-être, les destinées de la France constitutionnelle, appartient tout entière à M. de Martignac, qui, pressé par moi, dans un des entretiens confidentiels qu'il voulut bien m'accorder, de donner à la France des satisfactions devenues nécessaires, indispensables; d'aller, sous ce rapport, au-devant des exigences des membres de l'opposition constitutionnelle, me dit: « Dans peu je leur présenterai une loi sur les élections qui les satisfera »; et, aux imperfections près de la loi sur la formation des listes électorales, il faut reconnaître que ce ministre a tenu parole.

Mais pourquoi faut-il que le sentiment généreux qui lui a inspiré cette loi répressive de la fraude en matière d'élections, ne se soit plus retrouvé dans la discussion? pourquoi faut-il que tous les actes subséquens de M. le ministre de l'intérieur, et toute sa conduite politique, aient été en contradiction si manifeste avec ces prémices de son administration? Un aussi beau talent ne devrait pas être l'esclave des

A cette époque, nous étions déjà bien loin de ce jour qui avait vu M. le ministre de l'intérieur combattre et qualifier d'intempestive, de dangereuse, la proposition qu'un honorable député (1) avait faite de demander un projet de loi qui annulât la censure facultative. Nous étions loin de cette séance pendant laquelle on avait entendu M. le ministre de l'intérieur protester contre le droit que

---

faiblesses de la cour; il devrait au contraire les dominer, les soumettre au joug de la raison.

Mais M. de Martignac est, en tous points, un problème dont le temps seul donnera la solution. C'est un mélange bizarre de pensées généreuses qui décèlent l'homme de bien et des faiblesses d'un courtisan ambitieux qui enfantent chez lui le despotisme ministériel. Cependant qu'il y prenne garde : c'est être bien imprudent que de sacrifier tout, sa réputation, l'estime de ses concitoyens, nos droits constitutionnels à un peu de faveur! Si cette faveur a suffi à M. de Martignac pour lui donner entrée dans le conseil du prince, seule elle ne pourra, dans aucun temps, et sous aucun règne, y maintenir long-temps, et contre l'opinion publique, le ministre qui n'aura pas pour lui les vœux de la France.

(1) M. Benjamin Constant.

la chambre pouvait avoir d'annuler une élection (1) dans laquelle avaient figuré douze faux électeurs, et déclarer que sa décision *n'empêcherait pas qu'ils fussent maintenus sur les listes électorales ;* prononcer en quelque sorte l'accusation des orateurs qui avaient essayé de flétrir les individus, électeurs ou fonctionnaires, qui ont prévariqué dans les élections, et protester contre le droit que les préfets se sont attribué d'influencer les élections, d'imposer des choix par menaces ou par d'autres moyens illégitimes.

Les chambres et la France ont reçu ces lois comme un à-compte sur celles dont le discours du trône, à l'ouverture de la session de 1828, a annoncé la présentation, et sans donner quittance à MM. les ministres. Leur créance politique reste donc dans toute son intégrité; elles sauront, il faut l'espérer du moins, la faire valoir et en exiger l'entier paiement pendant la session de 1829.

Je ne dirai rien de ces lois; la discussion

(1) Celle de M. Garnier Dufougerai.

a déchiré le voile de l'arbitraire préfectural sous lequel paraissaient comme étouffées quelques bonnes intentions que l'on remarquait dans la première (1); elle l'eût rendue meilleure si de bons raisonnemens eussent pu convaincre MM. les ministres, et forcer leur opposition au silence; elle eût conservé à la pensée, cette noble émanation de l'homme, la liberté que l'on ne peut lui ravir sans crime, et dont elle doit jouir, sauf sa responsabilité légale, sauf à rendre aux seuls tribunaux compte de ses écarts.

Toutefois, après avoir entendu la lecture du projet de cette dernière loi et du rapport bien académique, bien séduisant, mais bien astucieux qui en donne le développement, on a pu facilement reconnaître que c'est moins la liberté de la presse que MM. les ministres ont apportée, que l'esclavage légal de la pensée et de la faculté d'écrire dans les journaux.

Un allégoriste ingénieux aurait pu repré-

(1) Celle sur la révision des listes électorales et du jury.

senter ce rapport et ce projet de loi sur la presse périodique sous la figure d'une femme aux formes les plus gracieuses, le front couronné de fleurs, et sur laquelle on aurait répandu les plus doux parfums ; mais dont tous les mouvemens seraient retenus par des chaînes... Telle est la liberté de la presse périodique que MM. les ministres de l'intérieur et de la justice ont donnée à la France. C'est ainsi qu'ils la comprennent, qu'ils ont voulu nous la faire accepter; et malheureusement les chambres n'ont pu ni se garantir de l'enivrement de ces parfums, ni briser, ou tout au moins rendre moins pesantes les chaînes dont ces ministres ont voulu garrotter la plus précieuse de nos libertés.

La présentation de ces deux lois, qui a suivi de si près l'opposition de M. le ministre de l'intérieur à leur principal objet, a prouvé deux choses :

La première, que MM. les ministres avaient compris la nécessité où ils étaient de faire ce que le pays réclame, mais qu'ils espéraient le satisfaire avec des simulacres;

La seconde, que ce n'est pas le temps qui

leur manque pour préparer toutes les lois nécessaires au complément, au redressement de nos institutions, faussées par les actes de l'ancienne administration; mais seulement la volonté, ou, plutôt, une résolution bien prise, bien arrêtée, de satisfaire, *quand même*, à tous les besoins du pays.

Or c'est aux chambres qu'il appartient de diriger cette volonté vers les vœux de la France; de donner à cette résolution la force qui lui manquerait. Le moyen est facile; l'histoire d'un pays voisin l'indique : c'est le refus de voter le budget de 1830, jusqu'à ce que MM. les ministres aient présenté toutes les lois qui doivent, selon les belles paroles de la couronne, mettre notre législation en harmonie avec la Charte.

Les chambres doivent faire savoir à MM. les ministres que ce n'est qu'à cette condition qu'ils peuvent obtenir la confiance dont ils leur demandent le témoignage; et si l'on venait, avec une audace qui est devenue historique, leur dire que *les ministres n'ont besoin que de la confiance du roi* (1); si l'on

(1) Paroles qu'un membre de l'ancien ministère a

osait affecter un pareil mépris pour le caractère dont elles sont revêtues, pour le pouvoir dont elles sont investies, elles auraient à y répondre par le refus de subsides sans lesquels la confiance du prince serait bien stérile pour les membres de son conseil, et ne pourrait les maintenir à la tête des affaires de notre pays.

Une troisième loi paraît avoir occupé les ministres depuis la clôture de la dernière session, et doit, dit-on, être présentée aux chambres pendant la session de 1829 : c'est la loi municipale, si vivement et depuis si long-tems réclamée par les villes et les communes du royaume, trop soumises au bon plaisir des préfets et des maires qui ne sont pas de leur choix. Une commission fut d'abord chargée de sa rédaction. En voyant comment elle était composée, on se demanda si ce n'était pas une dérision que de confier la rédaction d'une loi qui doit affranchir les communes du joug des préfets,

---

eu la témérité de prononcer à la tribune de la chambre élective.

et de celui des maires imposés, à ceux des fonctionnaires de cet ordre qui sont plus connus pour professer des doctrines diamétralement opposées à cet affranchissement.

Toutefois on nous fait espérer que la sagesse des conseils, l'autorité du talent de quelques-uns des hommes d'état qui ont été appelés à la discussion de cette loi importante, ont introduit de grandes améliorations dans le projet qui en avait été élaboré.

Espérons que la sagesse et le patriotisme des chambres sauront la rendre conforme aux vœux comme aux besoins de la France.

CHAPITRE TROISIÈME.

SOMMAIRE.

Ministre des affaires étrangères. — Rapports ou discours contradictoires de ce ministre, dans l'une et l'autre chambre, sur les affaires d'Orient. —Premières conséquences de la guerre qui se fait dans cette partie de l'Europe. — Situation dans laquelle il était convenable à la France de se placer. — Mon opinion sur ce qu'il y aurait encore à faire pour sortir dignement des embarras dans lesquels on a jeté la France.

On n'a pas oublié, sans doute, que c'est dans le même moment que le manifeste ottoman appelait aux armes tous les musulmans (1), qu'il les provoquait contre la Russie, la France et l'Angleterre à une guerre nationale et de religion; on n'a pas oublié que c'est ce même moment que M. le ministre des affaires étrangères choisit pour dire

---

(1) Voir le *Constitutionnel* du 21 février 1828, et tous les autres journaux.

à la France (1) que la paix ne serait pas troublée en Orient.

Qu'est devenue cette phophétie diplomatique ? Un autre discours de ce même ministre (2) a bientôt démenti le premier. Braïlow, Varna, et tant d'autres places prises par le czar, ou qui succomberont bientôt sous l'effort de ses armes ; Constantinople menacé (3) ; le Bosphore couvert de la ma-

---

(1) Voir son discours à la chambre des pairs, séance du 15 février 1828.

(2) Voir son discours à la chambre des députés, séance du 5 mars 1828.

(3) Je n'hésite pas à signaler ici une erreur dans laquelle notre diplomatie paraît prête à tomber.

Il y a quatre mois que j'ai écrit à MM. les ministres que le rôle de la France était de forcer la Russie et la Porte à faire la paix, au lieu de se faire l'auxiliaire de cette première puissance contre l'autre, et d'en régler les conditions d'accord avec l'Angleterre et l'Autriche ; et que pour cela elle devait, déclarant sa neutralité armée, placer sur le Rhin une armée de 200 mille hommes destinée à combattre celle de ces deux puissances qui refuserait d'accepter sa médiation, et de donner la paix à l'Europe. Les désastres de la

rine russe; le blocus des Dardanelles, le

Russie semblent avoir donné du poids à mes conseils; mais il eût été plus grand, plus digne d'une puissance du premier ordre de ne pas attendre de grands revers pour imposer son influence. On parle de former une neutralité armée, à l'instar, dit-on, de la Prusse. . . . Or, c'est ici que me semble être l'erreur. Comment peut-on ignorer les liens qui unissent cette puissance à la Russie, et l'intérêt qu'elle a à seconder ses projets? Comment ne voit-on pas qu'elle attend que l'Angleterre soit entraînée par les affaires de l'Orient à déclarer la guerre à toute puissance qui voudra s'emparer du Bosphore et de la Mer-Noire, pour, d'accord avec le czar, chasser l'Angleterre du Hanovre, et s'établir paisiblement et pour toujours dans une province qu'elle convoite depuis si longtemps? Que l'on y prenne garde : la Prusse pourrait bien faire semblant d'entrer dans un système de neutralité armée; ce serait, pour elle, un moyen d'éviter qu'on lui demandât compte des motifs d'un armement qui excéderait les bornes de son état de paix. La Russie se prêtera d'autant plus facilement à cette fraude diplomatique, qu'elle regardera toujours la Prusse comme son auxiliaire, et non comme son ennemie. Mais lorsque le moment serait venu de faire succéder les faits aux démonstrations, cette neutralité armée de la Prusse se changerait bien vite en un

triomphe facile de notre imprudente expé-

---

armement dirigé contre toutes les puissances qui voudraient s'opposer aux projets de la Russie, c'est-à-dire à la résolution qu'elle a prise, qu'elle cache encore, mais qu'elle cessera bientôt de dissimuler, de s'emparer de Byzance, de tous les pays et de toutes les mers sur lesquels le sultan règne en Europe.

Si donc l'on se laisse tromper par la diplomatie russo-prussienne ; si l'on ne se hâte de mettre dans la balance politique de l'Europe, avec le glaive de la France, deux cent mille de ses soldats et une alliance formée avec l'Autriche et l'Angleterre, ce ne sera plus à une neutralité armée qu'il faudra avoir recours, mais bien à une guerre entreprise contre la Russie, la Prusse, les Pays-Bas et la Suède, que des intérêts de famille, d'ambition ou de conservation réuniront toujours.

Ce n'est pas dans un an que cette question sera décidée, c'est avant quatre mois. . . . . . et nous en sommes encore à délibérer dans notre conseil avec quelle puissance nous nous allierons, contre quelle puissance nous armerons. . . . !

Je ne croirais à la sincérité d'une neutralité armée de la part de la Prusse, considérée comme une mesure combinée avec notre cabinet, qu'autant que pour garantie de sa sincérité le monarque prussien

dition en Morée (1); le conflit flagrant entre les puissances qui, ayant des intérêts si différens, ne peuvent long-temps encore rester unies; de grands désastres, des événemens terribles, des catastrophes sanglantes; un avenir plus menaçant encore... tout témoigne des profondes prévisions de notre diplomatie.

---

fît évacuer et livrât à nos troupes les places que les traités honteux de 1815 lui ont remises sur le Rhin; qu'autant qu'un traité secret entre la France, la Russie et la Prusse nous rendrait toute la ligne du Rhin que les événemens de 1814 nous ont fait perdre. Or, que le gouvernement fasse savoir à la France si tel est l'état des négociations entre lui et le cabinet de Berlin.

(1) Le ministère a pris la résolution de retirer l'armée qu'il avait envoyée en Morée. . . . . Je lui en ai donné le conseil le 20 octobre dernier (*), en lui exposant les dangers que cette armée et notre flotte couraient dans le cas d'une rupture avec l'Angleterre.

L'avenir nous dira si les services qu'elle aura rendus à la Grèce sont un dédommagement des dépenses que cette expédition nous a occasionées.

(*) Voir ma lettre aux ministres, page 342 de mes *Révélations*.

La retraite de l'armée russe sur le Danube, les échecs graves qu'elle a essuyés tout récemment; l'énergie du sultan, les ressources immenses qu'il sait trouver dans son génie éminemment guerrier; rien de tout cela n'arrêtera les projets de la Russie, et ne diminuera les dangers de la Porte. Ce serait une grande erreur que de voir des élémens de paix dans toutes ces circonstances. A l'intérêt politique de la Russie, qui lui commande de faire la conquête de Bysance et du Bosphore, se joint aujourd'hui l'intérêt de sa réputation militaire et de sa gloire, compromises par les résultats de la résistance opiniâtre, inattendue des Ottomans. Si la Russie renonçait à des projets si hautement avoués, et déjà si chèrement mis à exécution, elle deviendrait la risée de l'Europe. Il faut à tout prix qu'elle triomphe de la Porte. Ce n'est que dans Constantinople qu'elle peut accorder, qu'elle accordera la paix au souverain qu'elle veut dépouiller de son plus beau domaine; et le printemps prochain la verra ramener au combat ses légions rajeunies, renouvelées, augmentées des légions polonaises et, au besoin, de celles de son allié, le roi de Prusse.

Quoi qu'il en soit, tous les raisonnemens qui ont été hasardés sur la question de savoir si notre pays sera ou non entraîné dans une guerre quelconque, dont la cause des Grecs n'aura été qu'un prétexte, tous ces raisonnemens sont désormais inutiles : cette question est irrévocablement résolue.

Mais il en est une autre qui se décide chez nos voisins d'outre-mer, et qui devra fixer notre irrésolution ; et comme tout porte à croire que l'indépendance des Grecs, ce texte apparent du traité de Londres, y sera considérée autrement que nous ne l'entendons, il s'agira, peut-être bientôt, de la part de la France, d'autre chose que d'une expédition en Morée, pour aider à cette indépendance.

Dans ce cas, quel sera le parti que la France prendra ? Les 80 millions que nous avons ajoutés au budget déjà si accablant de 1828, pour des besoins extraordinaires de guerre, ceux que le ministère ne manquera pas de demander aux chambres pour un motif semblable qui sera devenu plus impérieux; ces millions, contre quelle puissance, ou en faveur de quelle puissance, seront-ils dépensés? La France combattra-t-elle, plus tard, pour implanter de nouveau, avec le croissant, le despotisme et la barbarie de Mahomet en Europe, ou continuera-t-elle à servir d'instrument à une ambition déjà si menaçante? De quelque côté qu'elle tourne ses armes, que la France coure à la défense des Turcs, ou qu'elle soit l'auxiliaire de la Russie, son rôle ne sera ni moins impolitique, ni moins odieux, ni moins indigne d'elle. C'est à prévenir la guerre qui menace de ravager l'Europe; c'est à soutenir loyalement les droits de l'humanité et de la civilisation, c'est à favoriser l'introduction du gouvernement constitutionnel dans tous les états despotiques; c'est vers ces trois grands résultats que les forces de la France, naguère si imposantes, la prudence et le génie de son gouvernement eussent dû être dirigés. Hors de là tout est honte, danger, ruine pour notre pays.

Voilà, pour cette partie de l'extérieur, le résultat préparé par l'impéritie de l'ancienne administration, et que la faiblesse et l'imprévoyance de la nouvelle ont réalisé.

Dans cet état de choses, il me semble que les chambres peuvent et doivent aborder franchement la question, et demander à M. le ministre des affaires étrangères de leur faire connaître les garanties, autres que les stipulations du traité de Londres, que la Russie a données à la France et à l'Angleterre, qu'elle ne militera que pour le rétablissement des Grecs comme nation libre; que pour défendre ce peuple contre ses oppresseurs, et pour avoir satisfaction de quelques injures personnelles, et nullement pour faire des acquisitions de territoire, et nullement pour étendre sa domination sur le Bosphore et au-delà; car le contraire donnerait infailliblement lieu à une guerre, soit de notre part, soit de celle d'autres états, dont la durée et les conséquences ne peuvent pas être prévues.

La réserve dans laquelle les chambres se sont tenues sur ce point vis-à-vis du gouvernement, pendant la dernière session; le peu de confiance que celui-ci montre toujours à leur égard lorsqu'il s'agit de circonstances de ce genre; cette discrétion diplomatique qu'il a observée envers les deux pouvoirs législatifs sur des événemens que la prévoyance la plus vulgaire avait prévus ou devinés; tout cela a placé la France dans la fausse attitude d'une espèce de neutralité militante, qui peut lui faire rencontrer des ennemis dans les rangs mêmes de ceux à côté desquels ses soldats et ses vaisseaux combattent, et l'a jetée dans les embarras, dans les hasards d'une politique qui n'a su ni prévoir l'attaque, ni préparer la résistance.

(1) Ah! je ne dis pas qu'il fallait déclarer

---

(1) Tout ce qui suit, jusqu'au paragraphe qui commence par ces mots *Tout cela*, et qui finit par ceux-ci, *il ne faut que vouloir*, est extrait d'une lettre que j'ai adressée aux membres du conseil, le 20 octobre dernier. A ce propos, je dois ramener l'attention de mes lecteurs sur un article en date du 13 du présent mois de janvier, que le Journal des Débats a donné sous la rubrique d'Augsbourg, et dans lequel le diplomate allemand, après avoir examiné avec beaucoup de sagacité la situation des puissances européennes, par rapport à la Russie et aux affaires

la guerre à aucune puissance; mais il fallait dans une situation qui se compliquait de tant d'ambitions, de tant de craintes, il fallait être plus communicatif, prendre position sur le terrain de la Charte et des institutions qu'elle nous garantit; opposer des armemens défensifs et conditionnellement inoffensifs, à des armemens évidemment offensifs; rassembler une forte armée sur la ligne de nos possessions rhénanes; faire d'utiles alliances avec les puissances que ces derniers armemens devaient inquiéter.... Alors la délivrance de la Grèce, pour laquelle nous épuisons nos trésors, fatiguons nos populations, et couvrons de deuil tant de familles; alors, dis-je, la délivrance de la Grèce

---

de l'Orient, conclut en donnant le conseil d'une médiation armée offerte par la France, l'Autriche et l'Angleterre, afin de forcer la Russie et la Porte à faire la paix.... Cette opinion du diplomate d'Augsbourg est textuellement celle que j'ai émise dans cette lettre que j'ai écrite, le 20 octobre 1828, aux membres de notre conseil, et que j'ai publiée dans mes *Révélations*. Je prends donc ici date sur lui.

fût sortie des rangs de nos bataillons pacifiques; le grand-seigneur eût compris ce que signifiait cette alliance, et qu'elle était aussi disposée à s'opposer à tout envahissement de son territoire qu'à la destruction, à l'esclavage des Grecs; et la France n'eût pas été entraînée dans des armemens maritimes ruineux, qui hâteront l'époque d'une guerre avec les éternels rivaux de notre puissance sur mer, et qui ne laisseront, avant un an peut-être, que le regret d'avoir, par ces armemens plus chevaleresques que glorieux, mais tout-à-fait inopportuns, préparé de nouvelles catastrophes, la perte de notre marine naissante, si chèrement achetée.

Car, que l'on ne se trompe pas sur notre situation dans les affaires de l'Orient, sur les dispositions secrètes de l'Angleterre : cette situation est des plus précaires, des plus chanceuses. L'Angleterre ne peut consentir à un blocus rigoureux des Dardanelles, à ce que la Russie domine dans la Méditerranée, commande dans la Mer-Noire, règne seule sur le Bosphore.

Bientôt, par un grand acte de justice et

de politique, elle aura pacifié l'Irlande. Alors elle pourra porter toute son attention sur l'Orient, appliquer toutes ses forces, tous ses moyens au maintien de sa prépondérance maritime, qu'elle ne doit consentir à perdre sur aucun point du globe, et moins encore, peut-être, sur ces mers qu'ailleurs.

Déjà elle prépare, elle rassemble, elle dirige vers l'Orient de nombreux armemens, qui sont destinés à grossir ceux qu'elle a déjà sur le théâtre de la guerre. Dans peu de semaines elle y aura des flottes supérieures en nombre et en forces aux flottes réunies de la France et de la Russie... Qui osera dire que ces flottes, si nous continuons à nous montrer les auxiliaires de la Russie (1), ne nous seront pas hostiles? Qui sera

(1) Le rôle de la France est et sera toujours de n'être l'auxiliaire d'aucune puissance, mais bien de se présenter comme la médiatrice de toutes les querelles, pour imposer à toutes la justice et la paix. Ainsi le veut sa dignité, pour le soutien de laquelle elle aura toujours assez de force lorsqu'elle sera bien gouvernée.

assez présomptueux pour assurer que le résultat d'une hostilité entre notre flotte et celle de l'Angleterre ne sera pas la perte, la destruction entière de nos armemens imprudemment improvisés, plus imprudemment encore offerts en holocauste à un peuple et pour une cause qui pouvaient être défendus des Tuileries avec plus de succès et moins de danger pour nous, qu'ils ne le seront par nos soldats sur le sol même de la Grèce.

Peut-être est-il encore temps d'éviter, de prévenir la catastrophe que j'appréhende.

Pour cela, il faudrait dire au grand-seigneur :

«Reconnaissez l'indépendance de la Grèce, « et rendez le commerce de la mer Noire et du « Bosphore libre pour toutes les puissances.

« A ces conditions, mais à ces conditions « seulement, nous retirons nos troupes de la « Morée, nous rappelons nos flottes de la « Méditerranée ; nous plaçons une armée de « deux cent mille hommes sur le Rhin, et « nous signifions à la Russie que si elle ne « traite pas de la paix avec votre hautesse, « sur la seule base de la réparation des griefs

« qu'elle prétend avoir à redresser, et en « acceptant la médiation de la France, de « l'Angleterre et de l'Autriche, une alliance « de ces trois puissances sera aussitôt formée « contre elle...

« Mais si vous n'acceptez pas ces conditions, cette même alliance tournera ses « armes contre votre hautesse... »

De cette manière, la France rendrait la paix et la liberté à la Grèce; elle garantirait sa marine contre les dangers qui la menacent; refoulerait bien loin dans l'avenir, ou rendrait désormais impossible l'exécution des projets ambitieux de la Russie; reprendrait la prépondérance qu'elle doit avoir dans les affaires de l'Europe; ôterait à l'Angleterre tout prétexte de faire des armemens qui nous fussent hostiles; réaliserait les seuls moyens que nous ayons d'augmenter en toute sécurité notre puissance maritime, aujourd'hui si compromise (1).

---

(1) Je dirai ailleurs ce qu'il eût été prudent de faire pour créer, pour conserver une marine forte et à l'abri de toute agression destructive; et je n'au-

Tout cela, je le sais, exige une grande force de résolution; mais, avec une nation comme la nôtre, un gouvernement peut entreprendre, peut oser tout ce qui est juste et grand, tout ce qui peut assurer son indépendance, sa gloire et sa prospérité;..... il ne faut que vouloir.

---

rai pour cela qu'à rappeler ce qui fut fait par un pouvoir dont la chute est due à une grande trahison, aujourd'hui prouvée par des actes que l'impartiale histoire a déjà recueillis; pouvoir qui, il faut bien le dire, constamment occupé de la gloire de la France, n'a manqué de prévoyance que lorsqu'il s'est agi de ses intérêts personnels.

CHAPITRE QUATRIÈME.

SOMMAIRE.

Ministre de la guerre.—Ordonnance du 21 mars 1828.—Réclamations parlementaires en faveur des officiers en non-activité.—Ce ministre reconnaît l'inviolabilité des grades, et attribue, cependant, le droit de destitution à la prérogative royale. — Les chambres doivent flétrir de leur improbation toute ordonnance qui est contraire à la loi, ou qui en abroge quelques dispositions. — Violation de la capitulation faite sur les bords de la Loire. — Ses conséquences possibles. — Actes de justice et de bienveillance de ce ministre envers les officiers de l'ancienne armée.

Un seul acte émané du ministère de la guerre a pu, pendant la session de 1828, frapper l'attention : c'est le rapport fait au roi pour préparer un réglement du sort et des droits des officiers de l'ancienne armée; c'est encore l'ordonnance royale du 21 mars, que ce rapport a provoquée, et que M. le ministre de la guerre a contresignée.

Déjà, dans la chambre des pairs, une voix

généreuse (1) s'était fait entendre, et avait demandé que l'on respectât les droits de ces officiers, acquis au prix de leur sang, et que l'article 69 de la Charte a garantis en termes clairs, formels, explicites; mais déjà aussi M. le ministre de la guerre, jaloux, par devoir, comme le sont tous les ministres, de la prérogative royale, qui est un peu la leur, avait cru devoir arrêter cet élan d'une grande ame, et s'opposer, sous le prétexte du respect dû à cette prérogative, à ce que la justice que le premier de nos capitaines réclamait pour les compagnons de ses travaux guerriers et de sa gloire, leur fût accordée.

M. le ministre de la guerre, qui est souvent, comme plusieurs de ses collègues, forcé de chercher ailleurs que dans sa conscience la règle de sa conduite politique et administrative, a dû être conséquent avec sa première opposition. Le rapport qu'il a fait au roi sur la situation administrative et politique de ces

---

(1) M. le duc de Dalmatie. Plusieurs autres pairs se sont joints à lui et ont dignement défendu la cause de ces nobles débris de l'armée.

officiers, le prouve, et l'ordonnance du 21 mars encore mieux.

Chacun sait quelle unanimité d'intérêt les officiers, que le système des ordonnances a déshérités, ont trouvé dans les chambres. De tous leurs bancs de généreux défenseurs de leurs droits se sont montrés, et leur ont prêté leur appui. M. le ministre de la guerre connaissait ces dispositions favorables. Il importait aux hommes dont le gouvernement subit encore les passions, d'ôter à tout jamais à ces officiers l'espoir de reprendre de l'activité, et de les priver d'une portion de la solde de non-activité qui leur fut d'abord accordée; il leur importait, dis-je, de prévenir l'effet des délibérations des chambres en faveur de ces officiers, et de l'atténuer en ayant l'air de leur faire une concession..... C'est ce qui explique la rédaction hâtive et peu claire, mais insidieuse, du rapport et de l'ordonnance du 21 mars dernier.

Cette ordonnance, que l'on a présentée, d'après ses propres expressions, comme un témoignage de la sollicitude et de la bienveillance du monarque pour les officiers de l'ancienne armée, ne fut, il faut le dire, qu'une sanglante ironie. Au lieu de reconnaître les droits de ces officiers, de soulager leur infortune, de prévenir la misère dont ils étaient menacés; au lieu de respecter leurs droits, le rapport et l'ordonnance du 21 mars les déshéritèrent complétement de ceux que l'article 69 de la Charte leur a garantis.

Par ces actes, on a fait déclarer par le prince, pour les uns, qu'ils cesseront de jouir du traitement de non-activité qui leur fut assuré à l'époque de la seconde restauration, et qu'ils recevront en échange, et seulement pendant un très petit nombre d'années, un traitement de réforme dont la quotité n'égale pas la moitié de leur solde de non-activité.

Pour les autres, qu'ils n'auront pas droit à la pension de retraite, dans la jouissance de laquelle, cependant, l'article précité de la Charte les a formellement maintenus.

Justement confiantes dans la manifestation des intentions favorables de M. le ministre de la guerre, les chambres ont consacré par leur vote le principe injuste, illégal, odieux, de la mise à une réforme temporaire; c'est-à-dire, l'exhérédation prochaine de ces nobles débris de l'ancienne armée.

Et, cependant, il est un principe sans lequel aucun Français ne voudrait se vouer au métier des armes; c'est celui de l'inviolabilité des grades ; c'est celui qui veut que les grades ne puissent se perdre que par un jugement. Ce principe, M. le ministre de la guerre l'a lui-même reconnu, professé à la séance du 12 avril.

Mais lui a-t-il été permis de le respecter à l'égard des officiers de l'ancienne armée, et, plus récemment, à l'égard du colonel Simon-Lorière? Les actes ont-ils répondu aux discours? Pour les premiers, ce ministre s'est vu forcé de soutenir l'équité, la bienfaisance de l'ordonnance du 21 mars dernier; et le droit de destitution qu'une influence de cour le force à attribuer à la prérogative royale, il a dû l'invoquer contre la réclamation du colonel Simon-Lorière, contre les chambres elles-mêmes qui ont noblement soutenu que ce droit de destitution n'appartient qu'aux tribunaux chargés de juger les prévenus qui font partie de l'armée ; et ce n'est pas sans un douloureux étonnement que l'on a vu de pareilles doctrines être professées par quelques membres des chambres que l'armée compte dans ses rangs, et qui la repousseraient, sans doute, comme attentatoires à leurs droits, s'il arrivait qu'un jour l'application rigoureuse leur en fût faite.

Mais cette logique officielle, qui peut trouver son application, et qui la trouve si souvent dans la personne des ministres, parce que, considérés sous ce seul caractère, ils sont les serviteurs, les agens directs et spéciaux du roi, qui est l'administrateur naturel des affaires du royaume dans le cercle tracé par la Charte, et qui confie à des ministres de son choix la direction de son administration ; mais cette logique officielle, dis-je, ne peut s'appliquer aux officiers de l'armée, parce que ces officiers servent la France, servent le pays, et non le roi, dans le sens tout-à-fait personnel que certains hommes prêtent au service militaire ; parce que c'est à la défense du pays, de la France, des droits constitutionnels du roi qu'ils consacrent leur existence; parce que c'est pour ces grands intérêts qu'ils consentent à sacrifier leur vie; et quand on dit d'un officier qu'il est au service du roi, on ne fait qu'exprimer, dans des termes que l'usage a pu consacrer, mais dont la raison pourrait contester l'exactitude, cette fiction ingénieuse qui identifie le prince au pays, qui fait de lui et de la patrie un tout indivisible; qui le sera du moins aussitôt et aussi longtemps que le prince confondra ses intérêts avec ceux de la patrie, et n'en aura pas d'autres que les siens, tels que la Charte les a réglés.

Or, une fois que les officiers ont acquis des grades; du moment surtout qu'ils ont reçu devant l'ennemi le baptême de sang qui les consacre, aucun pouvoir n'a le droit de les en dépouiller autrement que par l'action légale des tribunaux militaires.

C'est bien assez, ô ministres du roi! qu'exploitant la prérogative royale au gré des passions parasites qui vous dominent, qui vous imposent l'arbitraire, vous usiez du droit d'éloigner de l'activité les officiers que ces passions ont marqués du sceau de leur réprobation (1), vous les priviez d'une partie de leur traitement; du moins respectez les grades, respectez cette autre partie du traitement dont le sang de nos braves, et des services longs et honorables ont déjà escompté la valeur à la France. C'est la France qui les paie; or, la France veut les payer toujours.

Il est donc vrai de dire que, sous tous les ministères qui se sont succédé depuis la restauration, on a violé la Charte à l'égard des officiers de l'ancienne armée pour satisfaire à des passions haineuses, à des ambitions privées, pour calmer des défiances injurieuses autant qu'elles sont injustes; on l'a violée, on la viole par voie et à coups d'ordonnances.....

Mais il est une chose à laquelle on ne prête pas une attention suffisante : c'est cette législation mobile, capricieuse, que l'on nomme *ordonnances royales*, à l'aide

---

(1) Je n'irais pas chercher bien loin un exemple, s'il me fallait en rapporter un à l'appui de ce reproche.

de laquelle les ministres de tous les départemens attaquent, affaiblissent, neutralisent les lois du pays.

Il est temps d'opposer des digues à cette invasion du *bon plaisir* sur le territoire de la légalité.

Qu'est-ce qu'une ordonnance royale? L'expression de la volonté du prince? Soit; mais cette expression est-elle donc une loi? Non. Dans une monarchie constitutionnelle, excepté pour les nominations aux emplois que la législation a maintenues dans les prérogatives de la couronne (car il en est qui ne sont pas soumises à cette prérogative); dans une monarchie constitutionnelle, le prince n'a pas de volonté qui fasse loi. Sa volonté ne peut et ne doit être que la loi écrite; et une ordonnance royale n'est, ne peut ni ne doit être, dans cette espèce de monarchie, que le développement de la manière dont la loi doit être exécutée; elle n'en est, elle n'en peut, elle n'en doit être que le commentaire réglementaire et exécutoire; mais, je le répète, elle ne peut exprimer aucune volonté particulière du prince qui serait contraire à la loi.

Et cependant, c'est au mépris de la loi, c'est au mépris de la Charte, c'est par des ordonnances que l'on a déshérité des milliers d'officiers de l'ancienne armée; nobles débris, restes malheureux d'un nombre beaucoup plus considérable que la mort, le désespoir, la misère ont moissonnés! C'est, dis-je, par voie d'ordonnances qu'on les a dépouillés de leurs droits à reprendre de l'activité; de celui qu'ils ont à recevoir une pension de retraite lorsque l'âge les aura appelés à en jouir; c'est par des ordonnances qu'on leur arrache des grades qu'ils ont acquis sur vingt champs de bataille ! !....

Une vérité triste, mais qui ne sera pas une vaine leçon pour les chambres, ressort de cette mesure qui accuse la justice des différens ministres de la guerre qui ont réorganisé l'armée et réglé le sort de ceux qui ne pouvaient plus y conserver de l'activité (1): c'est que ce n'est pas une raison fiscale, ce n'est pas le désir d'alléger les charges publiques qui ont inspiré les diverses ordon-

---

(1) On voit que je veux parler des ministres antérieurs à l'ordonnance du 4 janvier 1828.

nances contre lesquelles j'élève la voix : c'est une question de personnes que l'on a fait décider par le prince. Les ordonnances d'août 1815, sur les retraites, celles de mai, 1818 (1), et 1823, sur les demi-soldes, ont frappé d'ostracisme les officiers de l'ancienne armée ; et celle du 21 mars sembla vouloir éterniser une proscription que des voix généreuses avaient promis de faire cesser. On veut que ces officiers ne puissent plus rentrer dans l'armée ni dans son administration........ Leur sacrifice fut sans doute promis à quelques ambitieux subalternes (2), agrégés à la faction qui régit tout,

(1) Ce reproche ne saurait atteindre M. le maréchal Saint-Cyr, bien que l'ordonnance de 1818 soit son ouvrage, parce que toute l'armée sait que si une nécessité, devant laquelle il ne put pas reculer, lui arracha cette ordonnance, le remède à un si grand mal, la réparation d'un si grand tort, se trouvaient dans l'intention où était ce ministre de réserver aux officiers qui en étaient atteints, tous les emplois qui viendraient à vaquer dans les différens corps.

(2) Faut-il les nommer du moins en ce qui concerne les anciens administrateurs militaires?

qui domine tout ; il fut, sans doute, imposé par cette faction.... il doit être consommé !

Mais que l'on prenne garde que cet empiétement des ordonnances sur la loi ne soit une manière de préluder au rétablissement complet du régime des ordonnances, et que si, pour forcer un ministère quelconque à rentrer dans les voies constitutionnelles desquelles il se serait écarté, les chambres pensaient devoir accueillir la proposition qui leur serait faite par un de leurs membres de refuser le vote des budgets, des ministres ne se crussent assez autorisés par le silence des chambres sur certaines de celles qui ont été rendues, et notamment sur celles concernant les officiers de l'ancienne armée, pour exiger, par voie d'ordonnances, le paiement de l'impôt auquel elles auraient refusé leur vote législatif.... Que l'on y prenne garde ; car il n'y aurait pas plus de raison de refuser obéissance aux ordonnances qui prescriraient la levée de l'impôt, et en mettraient le produit à la disposition des ministres, qu'à celles qui abrogent la législation existante, annulent des droits acquis, violent la

Charte. Le caractère du pouvoir qui aurait rendu les unes et les autres étant le même, s'il a pu se faire obéir par voie d'ordonnances dans un cas, et dans un cas aussi grave que celui dont il s'agit ici, il impliquerait qu'il ne le pût pas dans un autre.

Et c'est ainsi qu'à leur insu, par une faiblesse inexcusable, parce qu'elle est sans motif, ou par une insouciance plus coupable encore, les chambres auraient elles-mêmes travaillé au renversement du gouvernement représentatif en France, préparé, assuré le triomphe des ennemis de nos institutions, forgé de nouvelles chaînes au pays, mis le despotisme à la place du trône constitutionnel, amassé pour l'histoire les matériaux de leur propre condamnation.

Enfin, si l'on tolère une fois l'invasion de l'arbitraire sur le sol de la légalité, si l'on souffre qu'une seule fois la volonté de l'un des trois pouvoirs, la volonté de la couronne, fasse taire la loi, et prenne sa place......, tout est perdu; et ce ne sera plus dans le palais de la législature qu'il faudra combattre pour reconquérir des droits que les chambres auraient abdiqués elles-mêmes, mais auxquels la France ne renoncera jamais.

Le moyen d'empêcher que le ministère, ou un pouvoir quelconque, osât jamais se jouer ainsi de la France et des chambres, eût été et serait encore de flétrir par une improbation unanime les ordonnances dont je viens de parler, et notamment celle du 21 mars dernier, comme étant une violation des droits acquis et garantis par la Charte, une infraction à la législation sur la matière.

Mais, revenant aux ordonnances qui ont dépouillé de leurs grades, honneurs et traitemens, les officiers de l'ancienne armée, je dirai à MM. les ministres sous l'administration desquels elles furent arrachées à la justice du prince, je leur dirai : Comment avez-vous pu oublier que la conservation des grades, honneurs et pensions dont vous avez dépouillé les officiers de l'ancienne armée, déjà garantie par la Charte, leur avait encore été assurée par une capitulation dont l'histoire a pris soin de recueillir les articles pour les transmettre à la postérité? De quel droit violâtes-vous, sur les bords de la Seine, ce traité qu'un illustre guerrier (1) était allé offrir en signe de réconciliation au nom du roi législateur, à ses frères d'armes rassemblés sur les bords de la Loire? Était-ce donc en faisant violer par Charles X les promesses faites par son prédécesseur, que vous pensiez faire aimer la monarchie et populariser la légitimité? Connaissez-vous la peine que les lois de la guerre prononcent contre celui qui viole une capitulation? Si la loi politique est muette sur ce point, le cœur de ceux qui souffrent de cette violation parle, et son langage a une éloquence que vous eussiez comprise, si les passions qui vous dominaient, ou les influences auxquelles vous cédâtes, vous eussent permis de lui prêter attention.

Comment n'avez-vous pas senti, leur dirai-je encore, que ces officiers que vous déshéritiez de leurs droits, que vous proscriviez, pour ainsi dire, avaient derrière eux autant de familles que vous blessiez du même coup;

(1) M. le maréchal duc de Tarente.

que l'injustice à froid, sur laquelle vous aviez fait apposer la sanction royale, devait éveiller les craintes, les appréhensions des officiers qui étaient présens aux drapeaux, et qui devaient avec toute raison se trouver menacés dans leur avenir par l'exhérédation dont vous veniez de frapper les officiers de l'ancienne armée, leurs aînés dans la carrière des armes? Car, quelle garantie pouviez-vous leur donner qu'un jour leurs services ne seraient pas méconnus, et les lois violées à coups d'ordonnances pour les dépouiller de leur activité, de leur grade, de leur traitement, de leur pension, afin d'en doter de nouveaux venus? La parole du roi, dites-vous. Mais le roi, le fondateur de la monarchie constitutionnelle en France, l'auguste auteur de la Charte, avait aussi garanti par sa parole et par la Charte, aux officiers qui étaient en activité de service lors de la restauration, leurs grades, honneurs et pensions..... Voyez comme vous avez respecté la parole royale et des engagemens aussi solennels! D'après cela, quelle confiance vouliez-vous que les officiers actuellement sous les drapeaux eussent dans ceux que vous dites que le roi aurait pris envers eux? La parole de Louis XVIII, de ce roi législateur à qui nous devons le code de notre droit public, la Charte; la parole de ce roi devait-elle donc être moins inviolable que ne le sera, dites-vous, celle de son successeur? Mais celui-ci a aussi juré la Charte qui garantit les droits des officiers de l'ancienne armée; il leur a aussi donné sa parole que leurs droits seraient respectés........ Et pourtant vous lui avez conseillé de la violer; vous avez fait plus encore, vous lui avez arraché, ou souffert qu'on lui arrachât l'acte qui prononce l'anéantissement de tous ces droits!

Mais, je vous le demande, comment vous justifierez-vous de cette infraction évidente à la Charte? Appellerez-vous à votre secours, pour détruire mon raisonnement, quelques-unes de ces restrictions mentales à l'aide desquelles le parjure est rendu facile? Direz-vous que le roi a juré la Charte, mais en subordonnant, pour l'espèce qui nous occupe, l'article 69 à l'influence de l'article 14? Alors vous donnez plus de force aux craintes, aux appréhensions que doivent concevoir les officiers actuellement en activité de service ; vous tuez le zèle, vous ébranlez la fidélité, vous éloignez le dévouement ; vous aliénez au trône des hommes qui, si l'on eût été juste envers eux, eussent voulu, au jour du danger, partager l'honneur et la gloire de le défendre. Vous êtes en état de prévarication ; car l'article 69 de la Charte, je ne saurais trop le répéter, consacre en faveur des officiers de l'ancienne armée un droit que vous avez violé. Vous vous êtes rendus coupables de trahison ; car c'est trahir, que d'aliéner des cœurs au monarque, que de priver la patrie de l'expérience, du bras, du courage des braves qui versèrent leur sang pour elle, et dont elle peut encore avoir besoin.

Toutefois je me hâte de rendre à M. le ministre actuel de la guerre la justice qu'il mérite. S'il a été forcé par d'injustes précédens de laisser les officiers de l'ancienne armée dans la position fausse, malheureuse, dans laquelle ses prédécesseurs les ont placés ; si, retenu encore par des considérations dont il serait temps enfin que l'on s'affranchît, ce ministre n'a pas osé opposer à ce que, fort improprement dans l'espèce, on nomme la prérogative royale, les principes de droit et d'équité qui repoussent les mesures prises par ses prédécesseurs contre les officiers; si, placé ainsi entre sa conscience et certaines considérations, il n'a pas jugé que le moment fût favorable à leur réhabilitation entière dans les droits dont on les a si injustement dépouillés; il faut cependant reconnaître qu'il a fait tout ce que la situation présente lui a permis de faire. Considérée sous ce rapport, mais sous ce rapport seulement, on peut dire que l'ordonnance du 21 mars fut un premier pas vers une tardive justice, et que ce ministre a heureusement tenu la promesse qu'il a faite aux chambres de s'occuper du sort des officiers pour lesquels cette ordonnance a été rendue, de l'améliorer, d'assurer leur avenir, en faisant rendre, le 2 novembre dernier, cette autre ordonnance qui prolonge indéfiniment la jouissance de leur traitement de réforme.

Il eût sans doute été à désirer que le bienfait, que l'acte de justice, eussent été plus complets, et que le principe du droit à la retraite eût été admis en faveur de ces officiers. Mais ce que M. le ministre de la guerre a fait déjà pour eux permet d'espérer qu'il ne les abandonnera pas à l'époque de leur vie qui sera et plus pénible et plus nécessiteuse : ainsi lui appartiendra l'honneur d'avoir réparé, autant qu'il a cru le pouvoir, les injustices de ses prédécesseurs envers les officiers de l'ancienne armée, et celles plus révoltantes encore, parce qu'elles sont l'effet d'une persécution individuelle, motivée sur des opinions politiques, qui ont frappé plusieurs officiers *rayés des cadres de l'armée sans traitement*, auxquels ce ministre a déjà fait éprouver l'heureuse influence de l'esprit d'équité qui l'anime, et au nombre desquels se trouve le colonel Simon Lorière.

CHAPITRE CINQUIÈME.

SOMMAIRE.

Ministre de la marine et des colonies.—Grande erreur de ce ministre lorsqu'il dit que nous sommes rentrés dans l'ordre légal. — Hommage rendu à son beau caractère. — Étrange aveu échappé à sa franchise. — Menace contenue dans un journal anglais. — Importance qu'il faut y attacher. — Danger de la situation présente de notre marine. — Ce qu'il faudrait faire pour l'en préserver et préparer son développement en toute sécurité.

Ce ministre, qui s'est montré pendant la session dernière prodigue des plus nobles professions de foi, a dit, en répondant à un discours de M. de Cony (1), qui était une satire des ordonnances du 16 juin, que « les « ministres du roi, en faisant rendre ces or- « donnances, avaient rempli un religieux « devoir; qu'ils avaient, dans cette circon- « stance, donné au trône les conseils qu'ils

---

(1) Séance du 21 juin.

« devaient lui donner; qu'ils avaient rempli « l'engagement que le roi avait pris devant « la France entière (1); *qu'ils étaient rentrés « dans l'ordre légal; qu'ils avaient voulu que « toutes les classes des citoyens fussent sou- « mises à l'ordre légal.....* »

Les intentions manifestées dans ces paroles sont sans doute fort honorables, et personne ne doute qu'elles ne soient celles de M. le ministre de la marine et de quelques-uns de ses collègues.

Mais est-il bien vrai que les ordonnances du 16 juin, même quand elles seraient rigoureusement exécutées, nous aient fait rentrer dans l'ordre légal; que par elles toutes les classes des citoyens aient été soumises à l'ordre légal?

Quoi! parce que le ministère a fait rendre des ordonnances pour forcer les directeurs des écoles secondaires ecclésiastiques à jurer qu'ils ne sont pas jésuites, il croit qu'il nous a fait rentrer dans l'ordre légal!

---

(1) Discours de la Couronne, à l'ouverture de la session de 1828.

Ah! l'ordre légal! c'est-à-dire, l'exécution des lois du royaume impose au ministère bien d'autres devoirs! Il veut que ces religieux que l'on nomme jésuites, qui sont des jésuites, ou de l'ordre de Jésus, qui sont (comme l'avait enfin reconnu un ancien ministre (1) *un sujet de discorde pour le pays*, n'aient plus aucun établissement en France, qu'ils n'y existent plus comme corporation; oui, voilà, sous ce rapport, ce qu'il faut entendre par rentrer dans l'ordre légal.

Or, le ministère a-t-il fait fermer les établissemens que ces religieux ont eu l'audace, au mépris de nos lois, de former en France? A-t-il dissous les corporations de leur ordre dont ils ont couvert notre sol! A-t-il enfin, à l'égard des jésuites, de leurs établissemens et de leurs corporations, exécuté les lois du royaume? Alors nous sommes, sous ce rapport, rentrés dans l'ordre légal.

Mais à qui le ministère fera-t-il croire que

---

(1) M. le comte de Villèle.

les ordonnances du 16 juin soient l'exécution des lois du royaume à l'égard de ces religieux?

Le ministère ne veut, dit-il (1), *proscrire*, *attaquer*, *condamner personne*.... Mais si les lois du royaume proscrivent les jésuites, ordonnent leur expulsion, sera-t-il donc sourd à leur commandement? Alors nous restons en dehors de l'ordre légal.

De deux choses l'une:

Ou le ministère fera ce que les lois du royaume ordonnent contre les jésuites, ou il sera, sous ce rapport, en état de forfaiture.

Or, qu'ordonnent ces lois? Elles ordonnent l'expulsion des jésuites du sol de la France. S'ils en sont expulsés, le ministère a rempli son devoir, et nous sommes, à leur égard, rentrés dans l'ordre légal.

Mais s'ils existent encore en France; s'ils y fondent des établissemens; s'ils y forment des corporations; s'ils se recrutent de notre population; s'ils lèvent des impôts sur

(1) Paroles de M. Hyde de Neuville à la même séance.

la crédulité publique; s'ils se montrent à la cour et à côté du prince; s'ils sont protégés par nos évêques, loués, défendus, caressés par une partie du ministère (1); s'ils sont encore influens dans le conseil, et jusque dans le cabinet de certains ministres; si tout cela a lieu, le ministère se place et nous retient en dehors de l'ordre légal dont les ordonnances du 16 juin n'ont fait qu'entr'ouvir les portes, il enfreint les lois du royaume, il est prévaricateur à ces lois.

Toutefois, cette contradiction évidente entre ces paroles de M. Hyde de Neuville et les actes du ministère auxquels elles se rapportent, ne m'empêchera pas de rendre un public hommage au beau caractère de ce ministre.

On trouve en lui la solution d'un grand problème politique; savoir: la réunion de la fidélité pour une illustre infortune, à la fidélité pour la Charte et pour les doctrines constitutionnelles, assez généralement fou-

---

(1) Par M. le Garde-des-Sceaux, voir page de cet écrit.

lées aux pieds par ces hommes qui se disent les seuls vrais royalistes, dans les rangs desquels, cependant, l'opinion, long-temps abusée par les apparences, rangeait M. le ministre actuel de la marine.

Honneur au député, honneur au ministre qui ne sépare pas les intérêts du trône, sa gloire, sa sûreté, des intérêts, de la gloire, de la sûreté de la nation, et qui trouve dans la Charte, et dans la Charte seule, tout ce qui peut assurer et garantir les uns et les autres !

Mais un honneur d'un autre ordre doit être recherché par M. le ministre actuel de la marine.

Un aveu que la sincérité de l'homme privé a arraché à l'homme d'état (1), a appris à la France, et a fait savoir au monde en quoi consistaient nos forces navales. Il résulte de cet aveu, qu'après avoir dépensé, depuis 1814, plus de 800 millions pour le service ordinaire de notre marine, sept vaisseaux et vingt-sept frégates composaient, au com-

---

(1) Voir le Discours de ce ministre ; séance du

mencement de 1828, nos équipages de haut bord. C'était donc dans cet état de faiblesse que nous nous trouvions obligés de nous montrer sur plusieurs mers où tout est, où tout peut devenir hostile pour nous; où nous avons des insultes à venger, et les plus grands intérêts à défendre, et notamment dans la Méditerranée où les circonstances exigeraient que nous nous trouvassions avec des forces supérieures, afin de pouvoir dominer les résultats de la grande lutte qui s'y prépare.

Mais, que dis-je! Ah! loin que nous puissions dominer ces résultats par l'appareil d'une force imposante, nous sommes réduits à ne pas même pouvoir obtenir satisfaction des outrages que nous a faits une obscure puissance! Nous ne pouvons pas empêcher que ses corsaires n'insultent notre pavillon, qu'ils ne capturent les bâtimens de notre commerce!

Tel est, cependant, l'état de nos forces maritimes, après avoir dépensé, comme je viens de le dire, au-delà de huit cents millions en moins de 14 ans pour réparer une partie des pertes immenses, irréparables peut-être, que d'imprudens traités ont imposées à la France!

Il résulte de ces douloureuses explications que M. le ministre actuel de la marine a accepté une bien grande tâche, et comme administrateur, et comme homme d'état.

La situation de notre marine, les circonstances dans lesquelles elle va se trouver, demandent que celui qui la dirige ait autant d'habileté que de prudence; car l'horizon politique est chargé de nuages au travers desquels il est difficile de reconnaître quels sont, ou quels seront dans quelques mois nos véritables alliés.

Il faut accroître, sans doute, la force de notre marine, afin qu'elle puisse, à tout événement, garantir l'honneur de notre pavillon. Mais il faut se garder de la compromettre dans une lutte de laquelle elle serait exposée à sortir sans gloire, parce qu'elle y serait entrée sans une force suffisante.

Je ne suis pas de ceux qui pensent que les journaux sont toujours les échos fidèles exacts de l'opinion publique, les rapporteurs des dispositions des gouvernemens, les indicateurs des secrets de la diplomatie, les régulateurs de la conduite que nous devons tenir.

Cependant, il me semble qu'il y aurait de l'imprudence à ne pas trouver un avertissement utile dans l'article jactancieux du New-Times, que nos journaux du 14 du mois de septembre dernier ont rapporté; car cet article renferme autre chose que de la haine et de la fanfaronnade.

Laissons ce qu'il dit des prétendues défaites de nos troupes en Égypte; laissons ce journal et quelques écrivains aveuglés par la passion, ou stipendiés par un parti, transformer en déserteur celui qui les commandait, et oublier les grands, les immenses résultats que son retour eut pour la paix intérieure de la France; laissons, méprisons les injures dont ce journal et les pamphlets auxquels je fais allusion sont salis: l'histoire est là pour dire la vérité à toutes les nations, et pour donner un démenti au rédacteur du New-Times et aux écrivains qui ont osé entreprendre de flétrir la vie la plus glorieuse; qui n'ont pas craint d'outrager une grande infortune.

Mais il y a dans cet article, comme je viens de le dire, autre chose que des injures, autre chose que des fanfaronnades, autre chose que l'expression de la haine des torys pour notre nation : il y a un sérieux avertissement échappé à la colère de son auteur, et que la raison, la connaissance que nous avons de la situation politique de l'Angleterre à l'égard des autres états, et plus particulièrement à l'égard de la France, doivent répéter tous les jours aux hommes qui sont aujourd'hui chargés de veiller à nos grands intérêts. Cet avertissement se trouve dans ces mots :

« La France peut envoyer des armées en « Morée; il reste à savoir comment elle les « ramènera (1). »

Ce n'est pas dans la menace que ces mots renferment, que je vois, que l'on doit voir le danger; il est ailleurs, il est dans la faiblesse de notre marine comparée à celle de nos

(1) Elle rappelle celle qu'elle y envoya... J'en ai donné le conseil verbalement et par écrit, en octobre dernier.

éternels rivaux; il est dans ce sentiment de sa conservation, qui commande à l'Angleterre de ne permettre le développement, de ne souffrir le trop grand accroissement de la marine d'aucune puissance.

Ce n'est pas seulement parce que la France se serait alliée avec la Russie, d'abord, pour l'affranchissement des Grecs, puis, pour la guerre que cette puissance fait en ce moment à la Porte ; ce n'est pas pour ces motifs que l'Angleterre, que cette guerre doit contrarier, effrayer pour son avenir, préluderait par des injures, par des menaces périodiques à des hostilités contre notre flotte.

Dans les menaces directes ou individuelles de puissance à puissance, il faut voir autre chose qu'un amour-propre offensé, autre chose que le déplaisir que font éprouver un projet déjoué, une ambition trompée; il faut voir le besoin que l'état duquel partent l'insulte et la menace, a, ou peut avoir bientôt, de faire la guerre à celui qui est devenu l'objet de ses outrages et de sa jalousie, non pas seulement pour l'empêcher de former telle ou telle alliance, de conquérir telle portion de territoire; mais pour arrêter l'accroissement des armemens de l'état provoqué, lesquels pourraient, plus tard, affaiblir la puissance de l'état provocateur, ou forcer celui-ci à entretenir en tous temps des forces dont la dépense d'entretien excéderait ses ressources.

La question de paix ou de guerre entre la France et l'Angleterre sera donc toujours dans l'accroissement des forces navales de cette première puissance, et elle me semble être aujourd'hui à l'ordre du jour autant qu'elle le fut du temps de l'empire, autant qu'elle le fut à aucune des époques où notre marine put se montrer avec orgueil sur les mers.

Je m'explique :

Tout le monde sait que la puissance de l'Angleterre est toute maritime, et qu'elle n'est que cela.

La supériorité qu'elle a eue depuis des siècles sur les autres nations est une supériorité de nombres.

Pouvant toujours armer et mettre en mer, lorsqu'elle est provoquée à la guerre, ou lorsque la guerre lui est devenue nécessaire, le double ou le triple des bâtimens que les états avec lesquels elle se met en hostilité peuvent lui opposer, elle les a toujours vaincus. Une guerre maritime entreprise par elle a toujours eu pour résultat, sauf quelques combats particuliers qui ont honoré les officiers qui les ont soutenus, la destruction de la marine contre laquelle elle a combattu.

Pourquoi ces désastres se sont-ils si souvent renouvelés? C'est que la politique des puissances qui sont, ou qui peuvent devenir sur mer les rivales de l'Angleterre, a toujours manqué de prudence; c'est que ces puissances ont toujours sacrifié à la petite et bien stérile gloire de montrer en tout temps leur pavillon sur les mers où l'Angleterre commandait en superbe et dangereux tyran, des ressources qui, accumulées, préparées, rassemblées avec constance et discernement, les auraient mises plus tard en état de n'y paraître qu'avec un appareil de forces qui eût commandé le respect.

Un homme dont le sceptre de fer avait frappé tous les états du continent, en attendant qu'il pût s'appesantir sur l'Angleterre; cet homme qui nous donna de la gloire en échange de la liberté; cet homme, qui, sur le point qui m'occupe, ne manqua pas de prudence, avait compris qu'il y avait de la folie à armer 10, 20, ou 40 vaisseaux et frégates, et à les lancer chevaleresquement en mer pour défendre tels ou tels intérêts, pour prendre part à telle ou telle querelle. Un génie aussi vaste ne pouvait pas admettre de petites combinaisons politiques; il lui fallait de grands armemens; il sentait qu'eux seuls pouvaient, sinon détruire la puissance de l'Angleterre, du moins forcer celle-ci à admettre le principe de l'équilibre maritime entre les différens états de l'Europe, selon le rang qu'ils occupent dans la hiérarchie des nations. C'est ce qui explique ces nombreux et formidables armemens qu'il créait et rassemblait dans nos ports, et plus spécialement dans ceux de la Manche, dont un seul, Anvers, réunissait en 1813 près de 80 vaisseaux ou frégates, armés ou en constructions, qu'une capitulation trop facile, le besoin vivement senti de rentrer dans des droits héréditaires, ont sacrifiés à la terreur ambitieuse de l'Angleterre.

La présence de ces armemens, le juste effroi que l'Angleterre en éprouvait, sont l'explication de cette guerre à outrance qu'elle nous fit faire par les rois que son or et sa politique soudoyèrent contre une ambition qu'ils eussent vainement combattue, si, plus généreux et plus prudent, l'homme qui semblait menacer tous les trônes de l'Europe, eût respecté les droits et les libertés d'une nation qui lui avait mis la couronne sur le front!

Je ne sais pas si nous sommes encore destinés à voir, dans un avenir plus ou moins éloigné, des armemens aussi nombreux que ceux qui ont été sacrifiés à la paix de 1814. Je l'espérerais si je voyais que nos constructions navales se fissent dans le silence de la paix, et sans que nous fussions provoqués, entraînés à des expéditions, à des protections plus chevaleresques que prudentes; je l'espérerais, parce qu'une nation qui peut doter sa marine de plus de soixante millions par an, doit promptement arriver à ce résultat de nombres, si la sagesse des conseils est égale au zèle de l'administrateur qui est aujourd'hui chargé de la direction de nos affaires maritimes.

Mais, comment ne vient-il pas à la pensée de nos hommes d'état que l'Angleterre ne peut pas voir, sans éprouver un juste sentiment de crainte et de jalousie, le développement de nos forces navales, et que c'est avec une secrète joie qu'elle nous voit entrer dans une querelle qui peut, qui doit, plus tard, bientôt, peut-être, devenir la sienne, parce qu'elle y trouvera une occasion de détruire notre flotte naissante?

Je ne me dissimule pas que cette crainte, que j'ai le courage d'avouer ici, que je cherche à faire partager, est peu d'accord avec la bravoure, un peu trop susceptible, plus brillante que prudente, de nos guerriers. Ils n'admettront jamais que dans l'état de faiblesse numérique où se trouve notre marine, une guerre maritime entreprise ou acceptée par nous fût le signal de la destruction de nos flottes.

J'applaudis à ces nobles sentimens; je les

partagerai, je rêverai la victoire pour le pavillon français, aussitôt que nous pourrons nous présenter sur les mers avec des flottes égales en nombre et en forces aux flottes anglaises; car nos marins ne sont ni moins braves, ni moins habiles que ceux de l'Angleterre. Mais, malheureusement, nous sommes encore bien loin de cette égalité de puissance à laquelle l'Angleterre doit, par tous les moyens possibles, nous empêcher d'atteindre!

Car je l'ai dit, et je le répète : la question de la puissance maritime des états du premier ordre est une question de nombres. L'Angleterre ne l'a résolue en sa faveur, elle n'a acquis et conservé cette puissance jusqu'à présent, qu'en montrant ses forces navales toujours supérieures à celles réunies de toutes les nations avec lesquelles elle peut, ensemble ou séparément, se trouver en guerre.

Mais comme elle n'a jamais été, comme il est difficile qu'elle soit jamais en hostilité avec toutes ces nations en même temps, elle n'a jamais été, elle ne sera probablement jamais obligée à armer la totalité de sa marine; elle n'a jamais mis, elle ne sera probablement jamais forcée de mettre en armement qu'une portion de ses flottes qui soit supérieure à celles de la puissance avec laquelle elle peut se trouver contrainte d'entrer en guerre, et qui suffise en même temps à la protection de son commerce et de ses colonies.

Mais admettons que notre marine, déjà forte de vingt vaisseaux et de quarante frégates (1), et que le zèle et le patriotisme chevaleresque de celui qui la dirige aujourd'hui accroîtraient beaucoup chaque année; admettons que, d'ici à dix ans, elle présente une force de cinquante vaisseaux et de cent frégates, et d'un nombre proportionnel de bâtimens d'un rang inférieur.

Alors il faut que l'Angleterre, qui doit être effrayée de l'ambition de cette puis-

---

(1) Je ne donne pas ce nombre comme rigoureusement exact, mais eussions-nous 30 vaisseaux et 50 frégates, cela ne changerait pas l'état de la question.

sance à côté de laquelle nous paraissons vouloir combattre, et de la position menaçante qu'elle veut prendre dans le Bosphore et dans la Méditerranée; alors, dis-je, il faut que l'Angleterre se prépare, dès aujourd'hui, à opposer toujours à la marine réunie de la France et de la Russie, une marine plus nombreuse et plus puissante; il faut qu'elle se mette en situation de pouvoir toujours sortir victorieusement d'une lutte que les circonstances amèneraient infailliblement tôt ou tard; car les états qui ont le sentiment de leurs forces sont bien plus chatouilleux sur le point d'honneur, bien plus exigeans que ceux qui n'ont, qui ne peuvent opposer que de faibles moyens de résistance. Enfin, il faudra que l'Angleterre ait constamment en armement, sous voiles, et prêts à mettre en campagne contre la France, et contre les états qui rêvent, peut-être, l'abaissement de sa puissance, cent vaisseaux et deux cents frégates.

Or, quelle est la nation qui pourrait supporter une dépense aussi considérable que celle qui résulterait de l'entretien permanent, sur le pied de guerre, d'un pareil état maritime? La France, qui est le pays où les impôts sont plus productifs pour le gouvernement; la France ne pourrait pas supporter long-temps une pareille dépense.

L'Angleterre, malgré toutes ses ressources, malgré tout le patriotisme de ses habitans, le pourrait encore moins.

On parle beaucoup du mauvais état des finances de l'Angleterre, et des rêveurs politiques voient, pour elle, dans un avenir prochain, une crise qui est peut-être bien éloignée encore. Ah! cette crise arriverait infailliblement, si la prudence de la France et de ses alliés leur faisait adopter le système menaçant qu'avait adopté le précédent gouvernement.

Concluons donc qu'il est de l'intérêt de l'Angleterre d'empêcher, par tous les moyens qui, encore aujourd'hui, sont en son pouvoir, l'accroissement de nos forces navales; qu'elle doit, pour en arrêter le développement, saisir l'occasion de la guerre que la Russie fait à la Porte, et dans laquelle nous semblons, imprudens que nous sommes! prendre une part favorable aux armées russes, pour nous déclarer elle-même la guerre si nous ne nous joignons à elle à l'effet de prévenir une catastrophe qui ruinerait son influence dans le Bosphore, dans la Méditerranée, et menacerait ses possessions dans l'Inde.

Dans la situation des choses, pour elle si menaçante, et si nous ne donnons pas une autre direction à notre politique, l'Angleterre doit rompre, et rompra, sans doute, bientôt toute alliance avec la France et la Russie, parce qu'elle doit savoir que, Constantinople une fois tombé au pouvoir du czar, ce n'est plus qu'avec sa permission qu'elle pourra naviguer dans le Bosphore et dans la Mer-Noire, et qu'elle aurait immédiatement contre elle les flottes et les armées réunies de la France et de la Russie, ce qui la placerait dans la situation extrême que je viens d'indiquer.

Aujourd'hui elle peut prévenir les effets de cette alliance, dont l'avenir fera connaître la sagesse ou l'imprudence, la rompre, ou en rendre bientôt les résultats funestes à notre pays.

Plus tard, et malgré les résistances meurtrières, inattendues, que la Russie a rencontrées de la part des Ottomans, il ne serait plus temps, et l'Angleterre se trouverait placée dans l'alternative, ou d'accepter des rivalités dangereuses pour sa puissance maritime, destructives de sa prospérité commerciale et industrielle; ou de hâter, par des armemens hors de proportion avec ses ressources, la catastrophe financière dont elle est, dont on la dit menacée.

Dans cette situation critique, impérieuse, le choix de l'Angleterre ne sera pas douteux: elle armera, elle combattra; elle tentera la destruction de notre marine et de celle que la Russie rassemble dans les mers, avant-scènes des grands événemens qui se préparent.

Quels moyens avons-nous de prévenir une agression que je considère comme flagrante, et dont les résultats sont faciles à prévoir? Une alliance avec l'Angleterre et les autres états qu'inquiètent les projets de la Russie sur l'Orient.

Je sais que l'opinion d'hommes dont je respecte les hautes capacités, repousse toute idée d'une alliance avec l'Angleterre; que, selon eux, une telle alliance n'offre ni avantage ni sûreté... Cette opinion peut être juste en thèse générale; mais elle me semble fausse, appliquée à la position dans laquelle nous nous trouvons, rapprochée de l'état actuel des choses. Or, qu'importe qu'en thèse générale il ne soit pas de la politique de la France de devenir l'alliée de l'Angleterre; il me suffirait, pour conseiller cette alliance, de savoir qu'elle est devenue nécessaire aujourd'hui.

Toute la question est dans celle-ci :

Est-il prudent aujourd'hui, pour la France, de rester l'alliée de la Russie, ou de devenir celle des états qui paraissent plus disposés à se prononcer contre les entreprises de cette puissance en Orient?

La négative sur la première partie de cette question a été hautement et publiquement professée par des écrivains et par des hommes d'état auxquels la France et l'Europe sont habitués à accorder le mérite de la prévision en politique, et je partage tout-à-fait leur opinion.

L'avenir, un avenir qui est presque le présent, décidera, mais trop tard, cette grave question.

CHAPITRE SIXIÈME.

SOMMAIRE.

Ministre des finances. — Aveu du découvert des caisses. — Les moyens proposés pour y faire face sont ruineux. — Des économies provenant d'un autre mode de percevoir l'impôt et de la simplification de tout notre système administratif eussent, en peu d'années, fait disparaître ce découvert des caisses. — Injuste préférence accordée aux employés réformés. — Fâcheuse conséquence que peut avoir la répartition extra-légale faite par le roi des budgets, votés par les chambres, pour chaque section de dépenses. — Nécessité de diviser le département des finances en deux ministères : l'un récepteur, ou du trésor; l'autre dépensier, ou des finances.

Une noble conduite dans la chambre haute, des antécédens honorables, des intentions que l'on sait être favorables à nos institutions; tout cela a fait voir avec joie l'appel de M. le ministre actuel des finances dans le conseil.

Une grande tâche lui fut imposée : celle de réparer le désordre que les faiblesses et l'imprudence de son prédécesseur ont introduit dans nos finances.

Un premier pas a été fait vers ce but par M le ministre des finances en présentant aux chambres l'exposé de notre situation financière (1): un découvert de caisse de plus de deux cents millions existe, et réclame des ressources pour y pourvoir.

Peu prodigue d'éloges, quand les actes par lesquels on semble les provoquer n'ont pas exclusivement les intérêts du pays pour objet, je ne verrai dans cet exposé que ce que la raison et l'impartialité doivent y voir : une précaution nécessaire, habilement prise par M. le ministre des finances, à l'effet de bien séparer sa gestion de celle de son prédécesseur, et de mettre ainsi sa responsabilité à couvert pour tout ce qui remonte à des exercices antérieurs.

Une autre conception aurait obtenu le suffrage et les éloges de la France : c'eût été celle qui, sans ajouter aux charges publiques, déjà si accablantes, aurait présenté des

---

(1) Séance du 12 mars (Rapport sur la loi des finances de 1829).

moyens pour combler le déficit ou le découvert des caisses que M. le ministre des finances est venu avouer, et pour faire face aux dépenses dans lesquelles le cas, si facile à prévoir, d'une guerre quelconque va entraîner notre pays.

A cela il y aurait eu du mérite; on y eût vu la pensée du vrai financier, celle du bon administrateur, de l'administrateur économe de la fortune des contribuables.

Mais que dire, que penser d'un ministre des finances qui, dans l'état d'épuisement où se trouvent les trois sources de la prospérité publique: l'agriculture, le commerce et l'industrie, ne conçoit, ne trouve d'autres moyens de balancer nos recettes avec nos charges, que la vente par anticipation des produits de nos forêts; que l'émission de bons royaux pour un capital considérable; que l'ouverture d'un nouvel emprunt? La science financière est-elle donc si peu répandue en France qu'elle ne puisse indiquer à nos hommes d'état, à ceux qui sont chargés de nous gouverner, de diriger notre administration, que ces ressources vulgaires, désespérées et désespérantes qui viendraient à la pensée du plus obscur marchand?

M. le ministre des finances, en proposant, comme organe du gouvernement, de pareils moyens de mettre nos ressources au niveau de nos charges, ne ressemble-t-il pas aux intendans de ces dissipateurs qui, pressés de satisfaire à des engagemens pour lesquels ils n'ont rien ménagé, à des dépenses que leur folle conduite a rendues inévitables, se hâtent d'en livrer d'autres à la circulation, afin d'en appliquer le montant à l'extinction de leurs dettes exigibles, et à l'acquittement de ces dépenses obligées?

Mais, en poussant plus loin la comparaison, je dirai que c'est ainsi que l'on voit ces dissipateurs, et les gouvernemens qui se conduisent comme eux, préparer leur ruine et y marcher à grands pas.

N'y avait-il donc, en bonne foi, que ce moyen ruineux et trop vulgaire de couvrir notre déficit et de faire face aux dépenses extraordinaires que les circonstances de guerre peuvent occasioner?

Quoi! ce n'est qu'en grevant le trésor de

nouveaux engagemens, que M. le ministre des finances peut liquider son arriéré, qu'il peut faire face à ses besoins extraordinaires! Il faut sans doute qu'il ait pensé qu'il ne lui appartenait pas de porter un œil scrutateur sur les demandes de crédit des autres ministères; de comparer ces demandes avec les besoins réels pour les divers services; car, s'il se fût livré à cette investigation (ce que je pense qu'il eût pu faire sans empiéter sur les prérogatives constitutionnelles de ses collègues); s'il en eût présenté, examiné les résultats en conseil des ministres; si chacun des membres de ce conseil y eût apporté un désir sincère de faire toutes les économies dont chaque ministère est susceptible, et qu'il serait si facile à une bonne administration de réaliser, il eût, sans doute, facilement reconnu, il eût très facilement fait reconnaître à ses collègues qu'il y a, tant dans leurs ministères que dans le sien, la possibilité de faire des économies égales au découvert des caisses et à nos besoins extraordinaires. Alors il n'aurait plus eu à pourvoir qu'aux dépenses pour le cas de guerre; et, comme il n'est pas urgent d'appliquer de suite à ce découvert la totalité de ces économies possibles, il eût pu en réserver une portion, la moitié au moins, pour acquitter les bons royaux émis dans ce cas pour faire face à ces dépenses alors qu'elles devront être faites.

De cette manière M. le ministre des finances n'eût pas dévoré par anticipation le produit des coupes de nos forêts; il eût épargné à la France l'augmentation de sa dette publique consolidée, qui résultera de l'emprunt pour lequel le ministère a sollicité et obtenu un crédit législatif, ainsi que de celui qui sera sans doute proposé aux chambres à la session de 1829.

Oui, cette possibilité existe. On eût pu la trouver dans l'introduction d'un système plus simple, moins coûteux, d'administration et de comptabilité; dans la réforme des grandes administrations financières ou directions générales dont tout le travail peut facilement être fait, pour chacune d'elles, par un premier commis des finances, qui se trouverait suffisamment rétribué avec douze mille francs de traitement, et auquel il ne faudrait ni un hôtel, ni des chefs de division, ni ce nombreux état-major qui est placé à côté de MM. les directeurs généraux, ni tout cet appareil, tout ce luxe ruineux qui environne ces quasi-ministres.

On eût pu la trouver encore dans la réforme entière de ce système scandaleux qui nous fait dépenser 17 1/2 pour cent, c'est-à-dire, près de 180 millions pour obtenir la perception et la réalisation dans les caisses du trésor, du milliard que nous imposons chaque année aux contribuables.

Vainement on tenterait de persuader à des hommes de bon sens que cette perception de l'impôt ne peut pas se faire à moins de frais. Indépendamment de la conviction contraire de tous ceux qui s'occupent d'administration, de finances et d'économie politique, nous trouvons dans les autres états la preuve de la prodigalité et de l'incurie qui ont jusqu'à ce jour présidé à la direction de nos affaires publiques. Et en effet, si la Prusse, la Suède, la Russie, la Saxe, dépensent à peine 5 p. $^{0}/_{0}$ de leurs recettes pour le même objet; si l'Autriche, l'Angleterre, les Pays-Bas en dépensent moins de 6, quelle cause, autre qu'une mauvaise administration, un mauvais système de comptabilité, peut nous forcer à dépenser 17 1/2 pour cent pour la perception et l'encaissement de nos impôts?

Je livre ces réflexions aux lumières de nos hommes d'état et à la sollicitude des chambres. Puisse leur patriotisme imposer à M. le ministre des finances l'obligation de réaliser, enfin, dans ces deux parties de notre administration, les économies considérables dont elles sont susceptibles, et lui donner la force de briser toutes les résistances que l'intérêt particulier ne manquera pas de lui opposer!

Plus la tâche est difficile, plus elle est digne de M. le ministre des finances, et plus la France sera reconnaissante envers lui de l'avoir remplie.

J'ai parlé d'économies rendues possibles par la réduction du nombre des employés des divers ministères, et je sais que M. le ministre des finances s'occupe de réaliser celles dont le sien est susceptible sous ce rapport, ce qui est un exemple louable, qui sera sans doute suivi par ses collègues.

Mais, s'il faut en croire ce qui se dit à ce sujet, ces économies, les réformes d'employés que l'on préparerait aux finances, deviendraient la cause ou le prétexte d'une grande injustice, ou tout au moins de mesures sévères, dont le contre-coup serait ressenti dans toutes nos provinces.

On dit, et cela paraît certain, que M. le ministre des finances, ne voulant pas que les employés réformés de son ministère le soient définitivement, a décidé qu'à l'avenir tous les emplois qui viendraient à vaquer dans les diverses administrations financières, seraient réservés pour ces employés, comme un dédommagement de la perte de celui qu'ils occupaient dans son ministère.

Que, pour leur ouvrir davantage, et plus tôt, les portes d'une nouvelle activité, il a décidé encore, que tous les titulaires d'emplois ressortissant de son ministère, seraient tenus de les gérer en personne, et de résider là où ces emplois doivent être exercés; espérant par cette mesure, dont toutefois la sévérité n'exclut pas la justice, qu'un grand nombre de ces titulaires préférera sa démission à l'ennuyeuse résidence dans un village, un hameau, un pays quelconque où il n'aurait plus ni ses habitudes, ni sa famille, et laissera ainsi à la disposition de M. le ministre des emplois que celui-ci confiera aux individus réformés de son ministère, lesquels, dans ce cas, cesseraient de recevoir la pension qui leur a été accordée.

En justice rigoureuse, il n'y a rien à dire contre cette mesure; mais en est-il de même du motif qui l'a provoquée? n'est-il pas un peu entaché de machiavélisme? est-il bien moral, et de la dignité ministérielle, d'offrir en expectative, et comme le résultat d'une mesure équitable, la dépouille d'une partie des agens du ministère, à l'avidité de ceux qui ont cessé de l'être?

De deux choses, l'une :

Ou les réformes que fait M. le ministre des finances ne frappent que les hommes nouveaux, les individus qui ont et moins de droits, et moins de services;

Ou elles atteignent d'anciens employés.

Si les premiers en sont seuls atteints, comme la justice le veut, leur peu d'ancienneté ne leur donne droit à la jouissance d'une pension ou d'un traitement de réforme, que pour un nombre d'années égal à celui de leurs années de service, et nullement au privilége que M. le ministre des finances aurait créé en faveur des employés de son ministère.

Si, au contraire, les réformes ont frappé les plus anciens, c'est une injustice contre laquelle s'élève l'opinion publique, et que n'eût pas dû commettre un homme du caractère de M. le ministre des finances.

Mais, dans tous les cas, ce droit exclusif, qu'il aurait donné aux employés de son ministère d'entrer en possession de tous les emplois qui viendraient à vaquer, établit un privilége, un monopole d'une nouvelle espèce, qui ne peuvent pas être tolérés, parce qu'ils blessent les lois de l'équité, à l'égard des individus qui ne furent pas employés dans ce ministère.

En bonne justice, comme d'après les règles d'une sage politique, les emplois publics appartiennent de préférence à ceux qui contribuent aux charges de l'état. Or, c'est sans contredit dans les provinces que ces charges sont plus pesantes et plus productives pour les caisses du gouvernement.

Donc, exclure les habitans de la province de tout concours aux emplois dans les administrations financières, ou, ce qui est la même chose, réserver tous ces emplois pour les individus réformés du ministère des finances, pour ces hommes dont le patronage ministériel, la faveur de la cour, ou l'influence d'un certain parti, ont encombré le ministère, ce serait sacrifier à l'intrigue les droits des contribuables des provinces.

Il serait temps que l'on comptât pour quelque chose dans la distribution des emplois financiers les habitans de nos provinces, ceux qui y paient leurs contributions, et que l'on choisît, dans chaque localité, pour les appeler à ces emplois, ceux qui sont reconnus capables de les remplir dignement. Le gouvernement trouverait dans la pratique de cette mesure d'équité politique une garantie de la moralité des individus, et la possibilité d'une grande économie dans la fixation des traitemens; car celui qui est déjà établi dans la province, qui y a sa famille, son patrimoine, ses habitudes, se contentera toujours d'un traitement médiocre, qui ne pourrait suffire aux besoins, aux habitudes d'un étranger. Je soumets ces observations à la sagesse de M. le ministre des finances, et je reprends le cours de mes observations sur son ministère..

Depuis 1814, la France est rentrée, ou à peu près, dans les limites que lui avait léguées le grand règne. Dans ces temps, déjà si loin de nous, les dépenses publiques n'excédaient pas 220 millions par année (1). Et pourtant la France avait alors un état

(1) D'après *La France financière* de M. Bresson, voici quelles furent les dépenses publiques pendant les années du plus grand développement des forces militaires du royaume : 1701, 148 millions; 1702, 160 millions; 1703, 174 millions; 1704, 161 millions; 1705, 218 millions. En 1762, qui vit la plus forte armée du règne de Louis XIV, les dépenses du département de la guerre ne s'élevaient qu'à 110 millions

militaire bien autrement nombreux que celui existant véritablement aujourd'hui sous les drapeaux, et pour lequel on dévore depuis si long-temps près de 200 millions chaque année; et pourtant jamais le luxe de la cour n'avait été porté à ce degré de magnificence qui distingua celle de Louis XIV! D'où vient donc que nos dépenses s'élèvent aujourd'hui à plus d'un milliard, c'est-à-dire, à 12 fois plus que celles de la Suède, dont l'armée est à peu près la moitié de celle dont nous pourrions disposer en ce moment, et trois fois plus que celle de la Prusse, qui peut, en quinze jours, mettre en mouvement une armée qui est presque le double de celle que l'imprévoyance des anciens ministres de la guerre a rassemblée sous nos drapeaux?

Il faut bien en chercher la raison dans notre mauvais système d'administration dont j'ai déjà parlé, et dans le peu de soin qu'ont toujours apporté MM. les ministres à y introduire l'économie.

Chez nous on ne règle pas les recettes, on ne fixe pas les demandes à faire aux contribuables d'après des besoins rigoureusement appréciés; on opère tout autrement: on calcule ce que l'agriculture, le commerce, l'industrie, l'alimentation de trente millions d'hommes peuvent produire d'impôts; on récompense le génie malfaisant qui trouve un moyen d'étendre l'impôt, qui découvre une matière imposable; et, quand tout cela est fait et trouvé, on se dit: voilà ce que nous pouvons dépenser. Or, faisons la répartition: le partage a lieu, en ayant soin, comme le montrent les budgets, de faire la plus grosse part aux choses, aux individus qui devraient avoir la plus petite, à ceux même qui ne devraient pas exister.... Voilà quelle a été jusqu'à ce jour la manière d'opérer de notre administration; voilà l'explication des prodigalités scandaleuses contre lesquelles un côté des chambres s'est élevé dans tous les temps.

D'après cela faut-il s'étonner si nous avons tous les ans des budgets qui dévorent au-delà d'un milliard!

Mais il est temps que cette prodigalité cesse. L'audace avec laquelle on a demandé à la France au-delà d'un milliard chaque année;

la docilité avec laquelle on l'a voté jusqu'à présent ; la résignation des contribuables qui l'ont payé ; tout cela doit avoir un terme. La France attend de ses mandataires qu'ils arrêteront la marche toujours croissante de cette prodigalité , dont aucune part ne tourne au profit de ses libertés. Elle est prête à tous les sacrifices qui auront pour objet sa sûreté, sa gloire, sa reconnaissance pour d'anciens services ; mais elle refuse, elle a donné à ceux qui la représentent au sein de la législature le mandat de refuser leur autorisation à des dépenses qui ne leur paraîtraient pas nécessaires, urgentes, ou pour lesquelles on ne leur demanderait des dotations trop larges, que pour en appliquer ensuite le superflu à des dépenses honteuses ou illégitimes, pour lesquelles on sait qu'ils n'accorderaient aucun crédit.

Et que l'on ne dise pas que la pratique de l'abus que je signale ici est impossible, puisque les chambres discutent chacune des dépenses présentées dans les budgets des ministres, et votent pour chacune d'elles des crédits distincts et séparés ; car, à ce raisonnement qui ne serait que spécieux, je répondrais :

Oui, les chambres discutent les dépenses pour lesquelles les ministres leur demandent des crédits spéciaux; elles votent ces crédits; et il semble qu'en effet il résulte de tout cela un système complet et légal de spécialité.

Mais a-t-on donc oublié qu'à peine les lois de finances sont promulguées, les ministres consommateurs, s'ils se trouvent mal à leur aise dans les limites que la législature leur a tracées, peuvent effacer ces limites, détruire l'œuvre légale, y substituer celle de l'arbitraire, enfin, faire homologuer, par une ordonnance royale, une autre *répartition par services* des crédits qui leur ont été accordés par les chambres?

D'où il suit que cette espèce de spécialité qui est présentée aux chambres par les ministres, dans leurs budgets respectifs, n'est plus qu'une fiction dont ils se débarrassent à volonté pour se placer dans une spécialité arbitraire plus commode; ce qui est, pour le dire en passant, une insulte faite au pouvoir législatif, puisque, en agissant de la sorte, les ministres font annuler par le roi l'œuvre de ce dernier pouvoir, la loi qu'il a faite; acte dangereux qui appelle toute la sollicitude des chambres.

Je sais bien que, dans le cours d'un exercice, il peut arriver telle circonstance qui fasse éprouver à MM. les ministres le besoin d'ajouter quelque chose à telle ou telle partie des crédits que les lois de finances leur ont ouverte. Je sais bien aussi qu'il peut arriver (la dernière session en fournit un exemple) que les chambres, ne pouvant obtenir des ministres toutes les économies qu'elles voudraient leur imposer, se rejettent sur certaines spécialités moins défendues auxquelles elles ôtent, avec plus d'humeur que de raison, une partie des fonds qui sont demandés pour elles, et que les ministres peuvent ainsi se trouver dans le cas, ou d'accepter les entraves mises à certaines branches du service, ou de se faire rendre, par une ordonnance, ce que la loi de finances leur a ôté.... Je sais tout cela: aussi suis-je loin de prétendre qu'ils doivent, quoi qu'il survienne, se renfermer rigoureusement dans les prévisions qu'ils ont d'abord présentées aux chambres, et d'après lesquelles celles-ci ont voté des crédits par articles et par chapitres.

Mais il est une manière de pourvoir, sans sortir de la légalité, aux besoins imprévus ou non suffisamment dotés. Le cas que je viens de prévoir échéant, MM. les ministres doivent, dans un rapport au roi, expliquer les circonstances et les motifs qui réclament : soit une dépense nouvelle pour un service non porté au budget, soit une augmentation de crédit pour un service qui n'aurait pas été suffisamment doté; et demander des crédits supplémentaires devenus indispensables. Cela fait, les ministres qui se sont trouvés dans ce cas viennent, à l'époque de la présentation de la loi des comptes, solliciter ce que l'on nomme un *bill d'indemnité*, c'est-à-dire, la transformation de l'ordonnance qui lui a ouvert ces crédits supplémentaires, en une loi additionnelle de finances.

Cette manière d'opérer a le grand avantage de ne point s'écarter du respect dû aux lois de finances votées par les chambres, tout en conservant aux ministres les moyens d'action que l'article 150 de la loi du 25 mars 1817 a voulu leur réserver.

Toutefois est-il indispensable de réviser la faculté que cette dernière loi, dont les ministres se prévalent pour faire ce qu'ils nomment une *nouvelle répartition par services* des crédits qui leur sont ouverts, leur aurait donnée de détruire, comme ils le font chaque année, toute l'économie des budgets légalement discutés, article par article, chapitre par chapitre, et arrêtés par les chambres; car, s'il est nécessaire que les ministres aient les moyens d'action que des circonstances imprévues peuvent réclamer, il importe beaucoup que le vote des budgets ne soit pas une vaine formalité, un simple enregistrement des sommes demandées pour chaque ministère, comme cela aurait lieu par le fait de ces répartitions extra-légales contre lesquelles tous les bons esprits doivent protester.

C'est donc un devoir pour les chambres, non-seulement d'arrêter un œil sévèrement scrutateur sur toutes les demandes de crédits qui composent les budgets des ministres, et de les réduire à l'expression la plus basse, à celle de la seule nécessité; mais encore d'insérer dans chaque loi des dépenses un article prohibitif de ces répartitions abusives et tout-à-fait illégales.

Il est encore une amélioration que me semble réclamer l'organisation du ministère des finances : c'est la séparation des recettes et des dépenses en deux grandes parties bien distinctes confiées à deux ministres responsables, et se contrôlant l'un et l'autre; en d'autres termes, c'est le retour à notre ancien système administratif financier; c'est la création, à côté du ministre dépensier, d'un ministre du trésor chargé de réaliser, d'encaisser toutes les recettes; de verser dans les coffres du premier, par douzième ou par semestre, ou de la manière que cela serait jugé convenable, le montant des divers crédits législatifs qui auraient été votés, et de demeurer comptable et gardien de toutes les sommes qui excéderaient ces crédits, pour les représenter réellement et matériellement, à la fin de chaque exercice, comme composant le premier actif, la première ressource du gouvernement pour chaque exercice nouveau.

La déplorable gestion financière de la précédente administration, les découverts de caisse qu'elle a légués à celle qui lui a succédé, démontrent mieux que je ne pourrais le faire la nécessité de cette séparation.

En effet, supposons qu'elle eût existé en 1822, alors que M. le comte Villèle a pris la direction de nos finances : de la manière dont j'entends les attributions de chacun de ces deux ministères, l'un du trésor, comme ministère récepteur et conservateur de la fortune publique; l'autre des finances, comme ministère dépensier; c'est dans la caisse du premier que se fussent trouvés, qu'eussent existé effectivement tous les excédans de recette, toutes les ressources disponibles, indépendamment du produit des impôts de chaque exercice.

Si les choses se fussent trouvées ainsi réglées, pense-t-on qu'il eût été facile au ministre dépensier de dévorer, comme il l'a fait, outre les recettes annuelles, tous les excédans de recette, toutes les ressources que les gestions antérieures avaient laissées disponibles? Non; le ministre gardien des recettes, n'ayant dû, aux termes de l'injonction qui lui en aurait été faite dans les lois de finances, verser dans les caisses du ministre dépensier que le montant des crédits votés pour toutes les dépenses de l'état; ce ministre se serait nécessairement refusé à mettre à la disposition de l'autre aucune somme qui aurait excédé ces crédits; et il eût ainsi conservé à l'état les ressources considérables qui ont été sacrifiées par l'ancien ministère à des dépenses illégitimes, ordonnées, imposées, exigées par une influence qui fut étrangère à la législature, par ce pouvoir occulte qui a dominé l'ancienne administration, qui dominera également l'administration actuelle, qui dominera les chambres elles-mêmes, à leur insu, soit activement, soit par une force d'inertie, si le ministère ne se hâte de lui opposer le frein d'une législation fortement constitutionnelle; si les chambres ne forcent le ministère à leur présenter, dans la session qui va s'ouvrir, toutes les lois qui doivent mettre notre législation en harmonie avec la Charte : car tout pouvoir occulte, toute influence parasite, sous quelque livrée qu'ils se cachent et s'exercent, seront à leur tour dominés, abattus par la puissance d'une pareille législation.

Il est constant qu'il y a eu prévarication dans la gestion de nos finances antérieure à l'exercice courant, en ce sens que celui qui en était chargé a fait des dépenses que les lois n'avaient pas autorisées. Veut-on qu'un pareil scandale ne se renouvelle plus? veut-on ne plus voir à l'avenir de ministre prévaricateur? Il ne faut laisser aucune porte ouverte à la prévarication.....

CHAPITRE SEPTIÈME.

SOMMAIRE.

Ministère des cultes.—Inutile, dangereux; doit rentrer dans les attributions du ministère de l'intérieur.

Une seule chose serait à dire sur ce ministère, c'est qu'il ne devrait pas exister.

Et en effet, quels détails, quelles exploitations peuvent motiver sa création? De quoi est-il chargé?

De propager la religion catholique.

Mais ce serait autoriser, provoquer l'intolérance; ce serait faire du prosélytisme, ce serait attenter à la liberté des cultes, inquiéter les consciences; toutes choses contre lesquelles la législation doit s'élever, comme étant contraires à la paix publique, au bon ordre.

De tenir les contrôles des prêtres, de suivre, de diriger leurs mouvemens se lon les besoins des localités, de les faire payer ?

Mais, à moins que les chambres ne déclarent qu'elles reconnaissent la suprématie ultramontaine, laquelle on voudrait nous imposer comme une souveraineté supérieure à ces autres souverainetés que la raison publique a admises dans l'état social comme un besoin, comme une nécessité politique; à moins qu'elles n'aient cette intention, ce que je ne leur ferai pas l'injure de penser, il faut convenir que la religion, je veux dire la direction à donner à sa pratique, la police à exercer sur ses ministres; tout cela ne constitue qu'une des grandes branches de notre administration publique. Elle en sera, si l'on veut, et je l'admets volontiers, la plus respectable, celle qui mérite davantage notre sollicitude; mais, considérée comme il est raisonnable, prudent même de le faire, elle doit être dirigée, administrée, dans tout son temporel, par le ministre qui est chargé de nos grands intérêts civils, par le ministre de l'intérieur, auquel il suffirait d'un chef de bureau et de quelques commis pour tenir à jour, pour diriger ce que l'on nomme les *affaires ecclésiastiques;* et, à moins encore que les chambres ne voulussent admettre que la religion catholique est un état dans l'état, il ne doit pas en être autrement, elles ne doivent pas souffrir qu'il en soit autrement.

Ainsi on économiserait la presque totalité de la dépense occasionée par la création d'un ministère des cultes, laquelle s'élève, pour la seule administration centrale, à plus de six cent mille francs; sans compter que ce retour à un ordre de choses plus en accord avec la forme de notre gouvernement, mettrait un terme à des prodigalités sans nombre, comme sans but utile, et le plus souvent dangereuses; prodigalités qui ont accru chaque année davantage les dépenses pour les *affaires ecclésiastiques.*

De plus, et ceci est bien autrement important : en forçant le gouvernement à supprimer le ministère des cultes, par leur refus d'ouvrir aucun crédit pour ce ministère, les chambres feraient passer ses administrés sous une autre direction, sous une police indépendante de l'autorité ultramontaine, et conséquemment peu disposée à favoriser les écarts de leur zèle intolérant; elles mettraient un terme à ce scandale du refus d'inhumation; à celui bien plus grand, bien plus dangereux, des violences mystiques exercées au lit des mourans, pour leur arracher des legs en faveur de l'Église, et frustrer ainsi les familles de ce que la loi civile et la loi naturelle reconnaissent être leur propriété exclusive; elles feraient cesser les courses de ces prêtres nomades, qui portent le désordre partout où ils se présentent, et font des pratiques de la religion autant de scènes de guerres civiles; ou du moins elles rendraient à l'autorité légale le pouvoir de diriger ces excursions vers un but véritablement et purement religieux; toutes choses que l'on n'obtiendra jamais tant que l'administration du temporel des cultes, la police et la direction de leurs ministres formeront un ministère spécial, confié à un prêtre qui se croit, par état, obligé de recevoir de Rome les ordres, les instructions auxquelles le sacerdoce obéit (1), les directions qu'il entend suivre; lesquels furent alors, comme aujourd'hui, comme ils le seront toujours, contraires à nos lois, en opposition avec nos institutions, dont la cour de Rome s'est déclarée l'ennemie, et contre lesquelles, il faut bien le dire, le clergé, ou une partie du haut clergé de France, semble avoir reçu et accepté la mission de soulever les populations, qu'il suppose assez peu éclairées sur leurs véritables intérêts, assez grossières ou assez faciles à fanatiser, pour se laisser séduire par des sermons ou des mandemens séditieux.

---

(1) Le recours à la médiation du pape, pour forcer nos évêques à se conformer aux ordonnances du 16 juin dernier, prouve ce que j'avance. Une pareille démarche, qui met la couronne de France aux pieds de la thiare, ne serait jamais venue à la pensée d'un ministre laïc : pourquoi ? Parce qu'un ministre de cet ordre sait que l'autorité royale en France, lorsqu'elle s'appuie sur les lois du pays, est la seule à laquelle les Français de tous les ordres doivent respect et obéissance.

CHAPITRE HUITIÈME.

SOMMAIRE.

Ministre de l'instruction publique.—Les premiers actes de ce ministre avaient confirmé les inquiétudes que son entrée au conseil avait fait concevoir. — Des actes postérieurs et les dispositions qu'il manifeste, les ont pleinement dissipées.

La séparation de l'instruction publique des affaires ecclésiastiques était un des besoins les plus pressans du pays. C'est ainsi que, pour la paix et le bonheur des états, le temporel ne devrait jamais être confondu avec le spirituel.

Après les promesses si nobles, si pleines d'espérances que M. le ministre de l'instruction publique avait solennellement faites à la France, dans une espèce de profession de principes, qui avait heureusement dissipé d'anciennes préventions; après de semblables promesses, on s'attendait à une entière réforme de notre système d'instruction publique qui est si vicieux, si intolérant, si saturé d'arbitraire et de jésuitisme, et qui semble n'avoir été créé que pour favoriser l'envahissement de tous les pouvoirs de la société, et de l'autorité des familles, par l'influence sacerdotale; on s'attendait que ce même ministre, conséquent dans ses actes avec cette grande pensée qui a séparé l'instruction publique des affaires ecclésiastiques, rendrait, enfin, à cette partie si importante de l'administration, son indépendance et la protection légale dont elle a besoin, et qu'il l'affranchirait complétement du joug des prêtres;

Qu'il s'empresserait à rétablir les chaires d'enseignement dont une faction dominatrice a obtenu la suppression;

Que l'enseignement primaire serait répandu avec une bienfaisante profusion sur tous les points du royaume, et plus particulièrement encore dans les départemens, où l'intéressant ouvrage de M. Charles Dupin a prouvé que le besoin en était plus grand; que les écoles à la Lancaster seraient favorisées, secourues, protégées;

Que les prêtres se borneraient, dorénavant,

à remplir, près des établissemens de l'instruction publique, les devoirs simples et saints de leur ministère, sans s'immiscer en rien dans les pratiques intérieures de ces établissemens, dont à l'Université seule il appartient de fixer les règles;

Qu'il leur serait interdit de tourmenter les consciences des élèves et de leurs parens, par des distinctions sur le dogme qu'ils ne comprennent pas, qu'ils ne doivent pas entendre, et par les exclusions coupables, dangereuses, que les prêtres se sont permises, et qui ont donné lieu à plus d'un scandale.

On s'attendait que le même ministre provoquerait la suppression des petits séminaires, et le renvoi, dans les colléges royaux et dans les pensionnats particuliers, de 40 à 50 mille élèves que les intrigues de la faction jésuitique et ses obsessions y ont amenés (1).

---

(1) Les ordonnances du 16 juin devaient avoir ce résultat, puisqu'elles ont limité à 20,000 le nombre des élèves que les écoles secondaires ecclésiastiques pourraient recevoir ; mais on a vu que, même sous ce rapport, elles ne seront pas exécutées, qu'elles

On s'attendait enfin que toutes ces améliorations, tous ces retours à la justice, à la raison, à un ordre régulier, seraient les résultats de la création du ministère de l'instruction publique..... Le ministre qui en est chargé a réalisé quelques-unes de ces espérances; et le bien qu'il a déjà opéré fait assez connaître l'esprit dans lequel il entend diriger son important ministère.

L'ordonnance du 21 avril 1828, sur l'enseignement primaire, qui consacre

1° La reconnaissance des frères ignorantins ou de l'école chrétienne, comme chefs privilégiés de l'enseignement primaire;

2° L'exclusion implicite, mais forcée, des instituteurs laïcs;

3° La violation du droit de propriété de ceux-ci, résultant du fait de cette exclusion qui démonétise leurs brevets, et leur ôte leurs moyens habituels d'existence;

4° Les jugemens, les décisions arbitraires du conseil de l'Université, comme étant la

---

céderont à l'autorité des évêques; que la couronne s'humilie devant la mitre.

jurisprudence de l'administration de l'instruction publique, à laquelle les instituteurs demeurent soumis;

5° L'influence exclusive des évêques et de leurs délégués dans l'enseignement, et la violation par eux de l'intérieur des pensionnats de demoiselles, dans lesquels ils peuvent entrer quand bon leur semblera;

6° La suppression implicitement résolue de l'enseignement mutuel.

Cette ordonnance, dont je viens de retracer les principaux traits, avait d'abord soulevé l'opinion publique contre son rédacteur.

Mais enfin, des actes qui sont en harmonie avec les vœux et les besoins de la société, et qui sont un commencement d'exécution des lois du royaume, enfreintes depuis si longtemps, ont calmé les inquiétudes. Les craintes ont fait place aux espérances; les actions ont déjà réalisé quelques-unes de celles-ci; et l'on pense généralement que le passage de M. de Vatimesnil à l'instruction publique sera marqué par de grands bienfaits, et par quelques-unes de ces institutions qui font la gloire du ministre et de l'homme d'état à qui elles sont dues, et dont la reconnaissance publique lui paie toujours le prix.

CHAPITRE NEUVIÈME.

SOMMAIRE.

Ministère du commerce. — Exposé rapide de la situation du commerce et de l'industrie en France. — Devoir qu'elle impose à ce ministre.

Celui qui est appelé à diriger ce ministère n'ignore pas que ces deux sources de la prospérité publique sont dans une stagnation affligeante; funeste effet de l'inquiétude dans laquelle l'ancienne administration a jeté les esprits; de la disparition des capitaux qui allaient les féconder, et de cette fureur d'agiotage qui, de la capitale, s'est répandue dans les provinces; que provoqua, que favorisa scandaleusement le précédent ministère.

Les résultats de cette stagnation effrayante de notre industrie se voient dans la diminution du produit des contributions diverses, dans la ruine d'un grand nombre de fortunes particulières, dans la chute d'une multitude de maisons de commerce.

Sans doute tant de catastrophes, l'inaction à laquelle plus de la moitié des manufactures et des ouvriers de France se trouvent réduits; la dépréciation toujours croissante des denrées, des marchandises; sans doute tout cela n'a pas tari encore les sources de la richesse publique. Notre sol si fécond enrichira toujours l'agriculture, lorsque celle-ci, au lieu de voir sa direction confiée à un homme (1) qui osa se plaindre, à la tribune de la chambre élective, qu'elle produisait trop, sera protégée, aidée, et lorsque les mesures de l'administration ne lui fermeront pas les débouchés dont elle a besoin. Notre industrie pourra rivaliser avec celle de nos voisins d'outre-mer, et assurer le bonheur de la classe ouvrière, aujourd'hui si malheureuse, lorsqu'elle sera favorisée, et non embarrassée par des mesures fiscales mal entendues, mal concertées;

---

(1) M. Syriès de Mayrinhac.

lorsque des traités de commerce nous auront appelés, sur tous les points du globe, et particulièrement chez les nouveaux états d'Amérique, à partager les avantages commerciaux qu'un autre pays, toujours plus prompt que le nôtre à se créer, à établir des relations partout où son industrie voit des besoins à satisfaire, s'est ménagés auprès des nouvelles républiques de l'Atlantique.

Tracer ce rapide mais fidèle exposé de la situation du commerce et de l'industrie en France, c'est avoir indiqué à M. le ministre de ce département la tâche qu'il a à remplir; c'est lui avoir dit ce que la France commerciale et industrielle attend de sa sollicitude. Sans doute M. le ministre du commerce saura remplir cette tâche. Pour cela, que de choses il a à faire! Que de réformes, que d'améliorations lui sont indiquées par l'expérience du haut commerce!.... La première de ces améliorations est, sans contredit, de rendre moins absolu cet esprit de fiscalité qui a jusqu'ici beaucoup trop dominé toutes les conceptions de M. le comte de Saint-Cricq.

CHAPITRE DIXIÈME.

SOMMAIRE.

Opinion sur les ministres, avant et depuis la session.

La conduite politique et administrative de certains de nos ministres, nous révèle un bizarre effet des influences de cour, et de la puissance de l'ambition.

Quand l'ordonnance de nomination du ministère actuel parut, l'opinion publique porta son jugement sur chacun de ses membres.

Des précédens, honorables pour les uns, fâcheux pour les autres, furent son guide.

Ainsi, MM. Roy et Portalis étaient ceux qui, à cette époque lui inspiraient plus de confiance, sous le rapport des doctrines constitutionnelles.

MM. Martignac, Decaux et Saint-Cricq, ne se présentaient à elle, au contraire, que comme des hommes sans principes politiques arrêtés, et prêts à faire à la conservation de leurs portefeuilles, le sacrifice de ces doctrines, si le pouvoir l'exigeait.

M. Hyde de Neuville lui offrait le type d'un beau caractère, aussi prêt à défendre la prérogative royale contre les envahissemens d'une turbulente démocratie, qu'à protéger nos droits constitutionnels et nos institutions contre des préjugés de cour, et contre les hommes, naguère ses amis ou ses co-votans, qui voudraient les attaquer.

MM. Vatisménil et Feutrier, l'un comme ancien avocat-général, auteur de plusieurs réquisitoires qui sentirent un peu trop l'homme du pouvoir; l'autre comme prêtre, lui parurent être jetés dans le conseil pour y défendre des doctrines et des intérêts tout-à-fait contraires à ceux qui dérivent de la Charte.

Enfin M. de la Ferronnays lui inspirait bien cette confiance qui suit toujours un beau caractère; mais on savait qu'il était homme de cour, et cela suffisait pour qu'on ne le crût pas bien pénétré du besoin où était le monarque de respecter tous les droits que la Charte a reconnus et garantis.

Tel est le jugement que l'opinion publique porta sur les membres du conseil actuel; et, à quelques légères nuances près, il faut convenir qu'elle ne se trompait pas.

Mais la session a dessiné tout autrement la plupart d'entre eux; leurs actes, leurs discours, les ont montrés tels qu'ils sont; les uns, grands, généreux, dignes soutiens du trône, et amis sincères de nos institutions.

Ceux-ci, pénétrés des devoirs imposés à l'homme d'état, et disposés à les remplir dans toute leur étendue, au risque de perdre la faveur qui les a portés au pouvoir.

Enfin ceux-là, courtisans sans principes ni doctrines politiques, n'étant guidés que par le sentiment de leur conservation au pouvoir; flattant, pour s'y maintenir, des faiblesses qu'ils devraient combattre, des préjugés qu'ils devraient vaincre, et foulant aux pieds cette opinion publique qui, tôt ou tard, cependant, renverse le ministre qui l'a méprisée......, ainsi que nous en avons eu une éclatante preuve.

Si l'on voulait classer aujourd'hui MM. les ministres, on verrait :

M. Roy, fidèle aux doctrines qu'il a professées dans la chambre haute, et qui lui ont acquis l'estime de ses concitoyens.

MM. Decaux et Vatisménil, convaincus, comme l'étaient, comme le sont encore MM. de Laferronnays et Hyde de Neuville, de l'obligation où est le pouvoir de satisfaire aux besoins et aux vœux de la France, qui demande impérieusement l'exécution pleine et entière de la Charte, et prouvant (par des actes dont l'insuffisance, eu égard à une rigoureuse légalité, ne détruit ni l'équité ni le mérite, ni la bienfaisance), qu'ils n'ont besoin que d'un peu plus de liberté pour entrer franchement dans les voies constitutionnelles, pour faire cesser les désordres, réparer les injustices que leur ont légués leurs prédécesseurs.

M. Feutrier, paraissant parfois oublier qu'il est prêtre, ou, plutôt, ayant le bon esprit de reconnaître qu'un prêtre, devenu ministre, doit et peut, sans offenser la religion dont il est l'apôtre, respecter la loi civile et la loi politique; essayer, mais faiblement, de soumettre à une obéissance légale ceux de son ordre qui osent s'en affranchir; mais, ne trouvant pas en lui cette force de volonté qui est une des qualités de l'homme d'état, il n'a pas su forcer les dissidens à l'obéissance; il a compromis son autorité; il a souffert que l'on insultât à celle du prince, que l'on n'affectât que du mépris pour celle bien plus grande de la loi.

M. Martignac, militant tantôt contre ceux qui veulent la rigoureuse exécution de la Charte, avec toutes ses conséquences; tantôt contre ceux qui se constituent en opposition contre tout ce qui est favorable à la démocratie constitutionnelle (1).

C'est ainsi que l'on a vu ce ministre combattre, avec une certaine violence, toutes les dispositions analogues que l'opposition

(1) Voir ses discours à la chambre élective, pendant la discussion sur la loi de révision des listes électorales et du jury, par opposition à ceux qu'il a prononcés à la chambre des pairs, lorsque la discussion de cette même loi y a été portée.

constitutionnelle de la chambre élective a voulu introduire dans la loi sur la formation des listes électorales, et défendre, ensuite, à la chambre haute, avec non moins d'énergie et de succès, les orateurs de la vieille aristocratie et de la congrégation, qui voulaient que l'on écartât de cette loi tout ce qui était favorable à la liberté des élections, tout ce qui les protégeait contre la fraude.

D'où il résulte cette fâcheuse conséquence, que l'esprit et le talent de M. le ministre de l'intérieur, et ce qu'il nomme ses devoirs ministériels, acceptèrent seuls le combat dans l'une et l'autre chambre, et non sa conscience politique, dont on a pu admirer l'élasticité pendant la dernière session; conscience dans laquelle ce ministre adroit, éloquent, et surtout courtisan, sut toujours trouver la force et les moyens de combattre toutes les oppositions, de quelque côté des chambres qu'elles se soient montrées, et quelles qu'aient été les raisons dont elles appuyèrent les doctrines diverses qu'elles professèrent; ce qui doit, à bon droit, le faire nommer le *ministre du milieu*, ou le *Janus* du ministère.

M. Portalis, professant à la chambre élective les principes de la plus humiliante servitude des peuples envers les rois, proclamant les vertus des jésuites, les adoptant comme d'utiles auxiliaires; combattant à cette chambre, sous le prétexte de défendre la prérogative royale que l'on n'attaquait pas, toutes les propositions qui protégeaient l'usage de la plus précieuse de nos libertés; se montrant, dans toutes les circonstances qui l'ont appelé à la tribune, bien plus disposé à céder aux influences de la vieille aristocratie, qu'à protéger les intérêts que la Charte a créés, les droits qu'elle a reconnus.

Enfin, M. de Saint-Cricq, homme de mérite, adroit et prudent, se plaçant entre ces deux divisions du conseil, de manière que ni l'une ni l'autre ne puisse lui reprocher une opposition qui l'isolerait d'elle; et, cherchant par ses ménagemens, à se maintenir, quoi qu'il puisse arriver, au ministère qu'il doit à l'arrangement que j'avais arrêté avec M. le comte de Villèle (1).

---

(1) On a vu que le ministère du commerce, qui

Des trois conversions que j'indique (1), celle qui surprend le plus, est celle de M. de Vatisménil.

Dans un rang inférieur, il put, conseillé par l'ambition, se croire obligé de payer la faveur du pouvoir au prix de ces harangues où le talent ne pouvait être égalé que par la rigueur des conclusions; où les devoirs que s'imposait le politique ambitieux ne s'accordèrent pas toujours avec ceux du magistrat impartial, et lui attirèrent le reproche de cacher trop le citoyen sous la robe de l'avocat du roi.

Mais, devenu ministre à cet âge où toutes les généreuses impressions de la jeunesse subsistent encore dans toute leur force, une ambition plus louable a succédé à celle que la faveur du prince venait de satisfaire. Après quelques hésitations, après une mesure qui a provoqué la censure des hommes

---

n'existait pas autrefois, faisait partie du nouveau conseil dont j'avais fait agréer la formation à cet ex-premier ministre.

(1) Celles de MM. Decaux, Feutrier, Vatisménil.

sages (1), mais dont M. de Vatisménil saura corriger les inconvéniens, ce ministre a senti toute l'importance de ses hautes fonctions, et quels devoirs elles lui imposaient envers ses concitoyens.

L'instruction publique en France appelle de grandes réformes. Il est urgent de la soustraire à l'influence délétère et factieuse des prêtres; d'étendre le cercle dans lequel la routine l'a renfermée jusqu'à ce jour; de rendre son accès plus facile pour toutes les classes de la société; de répandre ses bienfaits sur les industriels, qui en ont été et en sont encore privés; de rendre aux amis des lettres, et à une jeunesse avide de connaissances, les illustres professeurs que le vandalisme ou l'idiotisme de l'ancien ministère, et l'esprit de parti en avaient éloignés.

M. de Vatisménil a prouvé, par ce qu'il a déjà fait, et par les améliorations qu'il médite, qu'il saura satisfaire à toutes ces nécessités.

---

(1) L'ordonnance du 21 avril sur l'enseignement primaire.

Doué d'une ame noble, ardente, d'un caractère ferme, d'un talent qui a peu de rivaux, s'il ne triomphait pas des difficultés que la faction jésuitique et de vieux préjugés ne manqueront pas de lui susciter, il aura le courage de donner, par sa retraite, une grande et utile leçon à ces ministres courtisans qui sont toujours prêts, et à la tribune, et dans leur cabinet, et au conseil, à payer les faveurs de la cour d'une portion de nos droits constitutionnels et de leur mépris pour l'opinion publique.

D'après les aperçus qui précèdent, voici comment on peut classer aujourd'hui les membres du conseil :

Ministres ne séparant pas les intérêts politiques de la France et le respect pour la Charte, des intérêts de la dynastie régnante, mais manquant toutefois de l'énergie nécessaire au triomphe des premiers,

MM. Roy, Laferronnays, Hyde de Neuville, Decaux, Vatisménil.

Ministres plus disposés à satisfaire aux exigences de la cour, et à faire des concessions au parti-prêtre et à la vieille aristo-

cratie, qu'à défendre nos libertés, qu'à faire respecter la lettre et l'esprit de la Charte,

MM. Martignac, Portalis.

Ministre assez disposé a entrer dans les voies constitutionnelles, s'il pouvait oublier Rome, et se dégager des liens sacerdotaux,

M. Feutrier, *évêque de Beauvais.*

Ministre prêt a fortifier de son vote toutes les majorités du conseil, mais plus disposé à ménager les faiblesses du pouvoir qu'à les combattre,

M. St-Cricq.

CHAPITRE ONZIÈME.

SOMMAIRE.

Comité supérieur de la guerre. — Son action est inconstitutionnelle. — Son existence est attachée au maintien de M. le ministre actuel de la guerre à ce département.

Avant d'entrer en matière, je m'empresse de rendre hommage à cette grande pensée qui a placé l'armée sous un auguste protectorat; et en faveur du bien que, sans doute, il en résultera pour son personnel, je fermerai les yeux sur l'espèce d'inconstitutionnalité qu'il y a à voir un prince du sang, l'héritier du trône, intervenir par ses décisions dans les actes d'un ministre responsable, se constituer, en quelque sorte, ministre lui-même; anomalie politique qui affaiblit singulièrement, si elle n'annule pas totalement la responsabilité légale de M. le ministre de la guerre, que l'on ne saura plus où trouver lorsque ce ministre pourra dire :

Ce n'est pas moi qui ai pris telle décision; je n'ai fait que l'enregistrer, et en assurer l'exécution.

Un pareil envahissement du pouvoir administratif et ministériel, par monsieur le dauphin, sera sans danger chez nous, parce que ce prince porte un égal respect, et aux droits auxquels il doit succéder un jour, et, l'on aime à le croire, aux principes consacrés par la Charte, qui est la garantie de tous les droits.

Mais admettons un instant dans la pensée le contraire de ce qui est; au lieu d'un prince tel que je viens de le dépeindre, et que nous avons le bonheur de le posséder, au lieu d'un prince ami de l'ordre et des lois, supposons-en un qui soit ambitieux, d'un caractère despotique, remuant, altier, sans expérience comme sans raison, et pour lequel les leçons de l'histoire, et celles de l'adversité soient perdues; un prince, enfin, tel que l'histoire contemporaine pourrait en offrir le modèle...; alors tout change. Cette influence directe donnée à l'héritier du trône dans les affaires du gouvernement; le patronage qu'il exerce sur l'armée et sur ses principaux chefs, ne sont plus que des moyens dont on le verra bientôt se servir avec habileté pour usurper la puissance royale, et pour soumettre son pays au joug du plus dur comme du plus fougueux despotisme.

Sans doute, les chambres n'ont aucune opposition à former aux mesures qui sont prises dans l'intérieur des ministères, toutes les fois qu'elles ne sont pas destructives des principes constitutionnels; car elles font des lois; elles votent des crédits pour les ministres; elles reçoivent, examinent, discutent les comptes qu'ils leur rendent de leur emploi; mais elles n'administrent pas.

Cependant il ne leur est pas interdit d'examiner ces mesures, quand, s'écartant des détails ordinaires et intérieurs de l'administration, de l'action ministérielle, elles prennent un caractère qui déplace les pouvoirs, modifie les attibutions des agens responsables, domine une partie de la législation du pays.

Or, telles seraient les conséquences de la création d'un comité supérieur de la guerre que l'on a placé à côté du ministre de ce département, et comme en dehors de son autorité.

Si ce comité n'était, comme il devrait être, que le conseil du ministre pour ce qui concerne les organisations, les opérations militaires proprement dites, on n'y verrait, on ne devrait y voir qu'une conception heureuse; mais, dans ce cas, ce comité serait sous les ordres du ministre; il n'en recevrait que de lui; il ne travaillerait qu'avec lui; il ne devrait qu'à lui compte de ses opérations.

Mais, il en est tout différemment : le comité supérieur de la guerre s'occupe, d'après le renvoi qui lui en est fait, non par le ministre, mais par le roi, ou par ordre de Sa Majesté, des affaires de la guerre, des intérêts de l'armée; il rend compte de ses travaux, non au ministre, mais au roi ou à M. le Dauphin; et le ministre, qui n'intervient dans ses travaux que comme l'un de ses membres, et non comme son chef, et non comme son président, n'a d'autre prérogative que celle d'en faire approuver les résultats, qui lui sont ensuite imposés comme une règle, comme une loi de laquelle il ne doit pas s'écarter.

Il suit de là, que le comité supérieur de la guerre est, près du ministre, un pouvoir, une autorité qui lui imprime le mouvement au lieu de le recevoir de lui; ce qui est, il faut le dire, le renversement de toutes les idées reçues jusqu'à ce jour; et le moindre inconvénient qui résultera de cette innovation, c'est, comme je l'ai déjà dit, l'affaiblissement de la responsabilité ministérielle, ou plutôt son anéantissement; car, en bonne justice, pourra-t-on forcer ce ministre à accepter la responsabilité de choses qu'il n'aura ni conçues ni ordonnées, d'actes qui lui sont imposés par un pouvoir irresponsable, des conséquences d'une législation qui ne sera pas son ouvrage, et pour laquelle il aura tout au plus été consulté?

Et que l'on remarque bien que le comité supérieur de la guerre ne se borne pas à discuter; mais qu'il délibère, qu'il vote, et qu'à ses séances, comme à celles des chambres, la majorité fait les lois.

La création de ce comité me semble être l'effet d'une cause qui n'a peut-être pas été aperçue, et que je vais expliquer comme je la conçois :

L'aristocratie, cette qualification que, pour bien s'entendre, il faut définir : le sentiment d'une supériorité quelconque qui exalte l'amour-propre au point de faire croire à celui qui l'éprouve, qu'il est d'une autre nature que les autres hommes ; cette qualification qui a, pendant les orages de notre révolution, été le cri de ralliement de la populace dont on avait besoin pour une fin connue ; l'aristocratie, ainsi définie, me semble être une de ces nécessités morales auxquelles il faut se soumettre ; car elle est inhérente à notre nature, à la nature des choses ; elle est une partie de nous-mêmes ; et tel, que ce mot, et le sens politique qu'on y attache communément, mettent en émoi, en est peut-être dominé plus qu'un autre....

Les distinctions sociales ne sont autre chose que la division en classe de l'aristocratie, ou la mise en action de ce sentiment d'une supériorité acquise ou préexistante que l'on nomme aristocratie. C'est ainsi que nous avons l'aristocratie de la naissance, celle des rangs, des grades, des dignités, des talens, de la richesse.

L'armée a donc son aristocratie; et, revenant à mon sujet, je trouve dans l'aristocratie militaire la cause de la création du comité supérieur de la guerre.

Je m'explique :

Chacun sait que les précédens de M. le ministre de la guerre sont purement administratifs (1).

Or, l'armée aime à voir dans celui qui a la direction de ses intérêts, un homme sorti de ses rangs, et qui l'ait commandée, parce qu'elle pense, non sans une espèce de raison, qu'il saura mieux qu'un autre apprécier ses besoins et y satisfaire.

Si donc l'armée, prise collectivement,

---

(1) Ce n'est point ici une épigramme que je dirige contre M. le Ministre : telle ne peut être mon intention; c'est une vérité de fait que j'exprime; et cette vérité n'a rien qui implique avec les hautes fonctions dont M. le général Decaux est revêtu.

éprouve ce sentiment, il est bien plus vif dans ses chefs, qui y joignent celui de l'amour-propre; et comme, dans l'ordre hiérarchique, le ministre de la guerre est le premier pouvoir militaire, ceux-ci pensent généralement qu'il faut prendre dans les premières notabilités de l'armée celui qui doit exercer ce pouvoir.

C'est ainsi, il faut bien le reconnaître, que le choix fait de M. le ministre actuel de la guerre, pour la direction des affaires et des intérêts de l'armée, a pu blesser quelques vanités, ou contrarier quelques amours-propres.

Je suis loin d'inférer de ce que je viens de dire, que la position militaire, à peu près négative de M. le ministre actuel de la guerre, semblait devoir l'éloigner des affaires de ce département; je pense, au contraire, que ses attributions se composant, pour les dix-neuf vingtièmes, de détails purement administratifs (les budgets et comptes de ce ministère le prouvent), elles réclament bien plutôt les soins et l'expérience d'un homme qui ait vieilli dans l'administration, que ceux d'un officier-général qui a passé sa vie dans les camps ; sauf à confier à un ministre pris dans cette classe la direction du personnel proprement dit ; ce qui comprend les organisations, les promotions, les récompenses, la direction du génie, de l'artillerie, etc.

Mais, en m'expliquant comme je viens de le faire, j'ai voulu dire que tous les précédens de M. le ministre de la guerre, s'étant trouvés peu propres à disposer les premières supériorités militaires à avoir pour lui cette déférence, disons le mot, cette obéissance, cette soumission, ce respect que tous les individus de l'armée, quel que soit leur grade, doivent au ministre de la guerre, l'aristocratie militaire, bien existante, trop sentie, peut-être, dans les rangs de l'armée, a pu être blessée de voir des maréchaux de France obligés d'observer, vis-à-vis d'un officier-général que l'armée a peu connu, les règles de la discipline, et à lui témoigner le respect qui est dû au ministre.

Il a donc fallu trouver un moyen de calmer un amour-propre qui se croyait offensé ; et la création d'un comité supérieur de la guerre, indépendant de l'autorité du ministre, dans la composition duquel entraient trois maréchaux de France, et qui aurait pour président l'héritier du trône; cette création est venue maintenir ces chefs militaires dans une position relativement supérieure à celle du ministre; ce qui est, on le reconnaîtra avec moi, un déplacement de pouvoirs, une modification d'attributions dont aucune considération raisonnable ne justifie la nécessité, et qui ajoute sans utilité aux dépenses déjà si considérables du ministère de la guerre.

Que le choix du roi, pour le département de la guerre, au lieu de tomber sur M. le ministre actuel, se fût arrêté sur un maréchal de France, ou même sur un de nos lieutenans-généraux à grande réputation militaire, et que leurs glorieux précédens auraient, sans doute, disposés à moins d'abnégation, à moins de modestie que n'en a montré M. le général Decaux; croit-on que l'un ou l'autre eût consenti à ce que la pensée, la direction, les rênes de son ministère devinssent le privilége d'un pareil comité? Non; un ministre choisi dans cet ordre eût dit : « Je suis, sous « le roi, le chef de l'armée; chacun de ses « membres me doit respect, obéissance, sou- « mission ; à moi seul appartient le droit de « travailler avec Sa Majesté, de diriger, sous « ses ordres, les grands intérêts de l'armée. Je « veux un conseil près de moi ; mais je refuse « un tuteur, je repousse un pouvoir qui n'est « ni dans la Charte, ni dans les convenan- « ces, qui détruirait l'unité d'action, de vo- « lonté sans lesquelles il n'y a pas de gran- « des choses possibles. » Voilà ce qu'eût ré- pondu un ministre pris dans l'un ou dans l'autre des rangs que je viens d'indiquer; et le roi et son auguste fils eussent compris la force de ces raisons, ce qui n'eût pas empê- ché que M. le Dauphin ne fût déclaré le pro- tecteur de l'armée; car autre chose est de protéger l'armée, de veiller à ce qu'aucune injustice ne lui soit faite, d'écouter les plain- tes de ceux qui croient en avoir éprouvé, de commander qu'il y soit fait droit; autre chose est de diriger tout le travail de l'une des sections de la guerre. Cette dernière fonction est purement administrative. Or, un prince, placé sur les degrés du trône, ne peut pas, ne doit pas administrer, parce que la responsabilité constitutionnelle qui frappe les ministres ne peut l'atteindre.

Il suit de tout cela que c'est toujours la position personnelle de M. le ministre actuel de la guerre qui a donné naissance au comité supérieur; qui l'a autorisée.

Or qu'est-ce qu'une institution, quelque importante qu'elle paraisse, quelque grands que soient les intérêts que l'on a placés dans sa sphère d'action; qu'est-ce qu'une pareille institution, lorsqu'elle repose sur une base aussi fragile que celle du maintien de tel ou tel homme aux affaires? Le temps n'est peut-être pas bien éloigné où nous verrons une révolution ministérielle; elle aura lieu, il faut le penser pour l'honneur de MM. les ministres, si des obstacles secrets s'opposent encore à ce qu'ils fassent le bien qu'il est dans les intentions de plusieurs des membres du conseil, de faire.

Alors l'existence du comité de la guerre dépendra du choix du successeur du ministre actuel. Si ce comité succombe sous l'influence du nouveau ministre, quels désordres dans la préparation des lois et des réglemens militaires, dans la direction générale des grands intérêts de l'armée, le court passage sur notre scène administrative, et la disparution de ce comité, n'auront-ils pas introduits dans les affaires de la guerre! que de dépenses inutiles auront été occasionées par sa création!

Il y a, dans un autre état quelque chose d'analogue au comité supérieur de la guerre. En créant ce comité, a-t-on voulu imiter une institution qui existe dans une autre monarchie? A-t-on voulu essayer d'importer en France le conseil aulique d'Autriche? Il me semble que l'histoire des guerres de la révolution, qui ont couvert nos armées de tant de gloire, ne recommande pas une pareille institution à la prudence du gouvernement.

Sans doute, à l'époque de ces guerres, le conseil aulique a rendu de grands services à la monarchie autrichienne, en tenant toujours prêtes à être envoyées contre le vainqueur qu'elle redoutait, des armées destinées à remplacer celles qu'il détruisait.

Mais ce que le conseil aulique a fait dans ce genre, un ministre, homme d'état et de guerre, et qui aurait eu la confiance du monarque et celle de sa nation, eût pu le faire en Autriche, et le fera toujours dans notre pays. Je plaindrais la France; il faudrait couvrir d'un crêpe funèbre ses anciens trophées; il faudrait qu'elle renonçât désormais à toute gloire militaire, si les ordres de mouvement de ses armées, ceux d'attaque, de défense, de siége, et toutes autres opérations de guerre, devaient cesser d'être abandonnées aux combinaisons de ses généraux en chef, si ceux-ci devaient, à l'avenir, attendre, pour agir, les ordres et les instructions d'un comité supérieur de la guerre.

Si un pareil système devait être établi en France, les chambres devraient, pour premier sacrifice fait à une création tout-à-fait inconstitutionnelle, déchirer la loi de recrutement qui régit l'impôt en hommes, et laisser au prince, comme il l'a dans les états despotiques, la libre disposition de cet impôt, dont la levée, qui n'aurait plus alors de bornes que celles du bon plaisir, deviendrait excessive; car, sous l'influence d'un pareil système, les armées fondent comme la neige soumise à celle du soleil; elles se dissipent devant le capitaine, maître de toutes ses combinaisons stratégiques, comme des nuages que poussent des vents impétueux, ainsi que l'ont prouvé les guerres soutenues par le premier capitaine du siècle, par cet homme qui nous couvrit de tant de gloire, contre les généraux, ou plutôt contre les lieutenans du conseil aulique d'Autriche.

Il m'a semblé que ces explications étaient de nature à fixer l'attention des chambres, et celle de tous les hommes qui s'occupent des affaires publiques, et que le pouvoir, législatif avait le droit d'examiner une création dont les conséquences pourraient amener, à son insu, l'anéantissement de la plus importante de ses prérogatives constitutionnelles : le vote de l'impôt en hommes. Je les livre donc à leurs méditations, ainsi qu'à celle de M. le ministre de la guerre.

CHAPITRE DOUZIÈME.

SOMMAIRE.

Accusation des anciens ministres.—Elle fut une faute. — Pourquoi ?

L'exercice rigoureux d'un droit que la Charte a donné aux Députés du royaume, a occupé la séance du 14 juin.

L'honorable M. Labbey Pompières a développé la proposition qu'il avait précédemment déposée, de mettre en accusation l'ancien ministère.

Le texte de son développement, tel qu'il avait été communiqué dans les bureaux, était ainsi conçu :

« J'accuse les précédens ministres de tra-
« hison envers le roi, *qu'ils ont isolé de son*
« *peuple:* je les accuse de trahison envers le
« peuple, *qu'ils ont isolé de la confiance du*
« *roi:* Je les accuse d'avoir attenté à la con-
« stitution du pays et aux droits des citoyens :

« Je les accuse de concussion, pour avoir « perçu des taxes non votées, et dissipé les « deniers de l'état. »

Mais celui qui fut lu par l'accusateur, à l'ouverture de la séance, portait : qu'ils ont *tenté* d'isoler....

M. le ministre de l'intérieur ayant reçu, comme député et comme membre de l'un des bureaux, la première rédaction, s'en saisit comme d'un moyen qui lui offrait une occasion de jeter de la défaveur sur cette partie de la chambre que l'on nomme *l'extrême gauche*, à laquelle appartient M. Labbey Pompières; et, bien que ce député eût lu le développement où se trouvait le mot *tenté* d'isoler, et que ce ministre l'eût entendu, ainsi qu'il le déclare, il n'en manifesta pas moins le désir que la proposition fût lue de nouveau.

Il semblait naturel et d'obligation que M. le président donnât lecture de la proposition *telle que M. Labbey Pompières venait de la présenter lui-même à la chambre* : mais, par un hasard assez étrange, il arriva tout le contraire : l'ancienne rédaction qui avait été distribuée dans les bureaux, et contre laquelle M. le ministre de l'intérieur avait le projet de s'élever, fut celle dont M. le président donna lecture.

Alors, ce ministre prit la parole et déclara que *cette proposition n'énonçait pas une tentative reprochée aux anciens ministres, mais qu'elle contenait deux assertions positives, deux faits contre lesquels il protestait hautement et qu'il venait démentir à la face de la France et de l'Europe....;* et il déclara que le roi n'était pas *isolé du peuple*, que le peuple n'était pas *isolé de la confiance du roi.....*

Examinons cette première partie de l'accusation, dans le fond et dans la forme, tant sous le rapport de la vérité, que sous celui de l'opportunité; ainsi que la conduite de M. le ministre de l'intérieur, et de M. Royer-Collard, président de la chambre, dans cette circonstance où il y eut rivalité d'imprudence et de mauvaise foi.

Sans doute, il pouvait être du devoir du ministre de ne pas accepter condamnation sur les deux assertions positives que contenait la première rédaction. Mais lorsque M. Labbey Pompières les a rectifiées par une rédaction lue à la tribune, qui substitue la *tentative* à la *consommation* du fait, n'est-on pas étonné de voir ce ministre, qui est ordinairement si bien servi par son oreille, et qui déclare avoir bien entendu les termes de cette seconde rédaction, négliger celle qui n'aurait provoqué, ainsi qu'il l'avoue implicitement dans sa protestation, aucune censure de sa part, et s'emparer, avec autant de chaleur, de celle à laquelle son auteur avait renoncé publiquement? A l'empressement que les opposans et M. le ministre de l'intérieur ont mis à se saisir de cette rédaction; à l'étrange erreur commise par M. le président, à tant d'autres circonstances, que ceux qui étaient présens à cette séance affligeante, ou qui en ont lu les détails avec attention, ont pu remarquer, ne serait-on pas excusable de penser que tout avait été disposé, organisé d'avance, pour produire certains mouvemens, à l'aide desquels M. le ministre de l'intérieur briserait l'union qui avait existé jusqu'alors entre le côté gauche et le centre, et s'assurerait davantage des faveurs, des bonnes graces de la cour, de la confiance du roi (1) dont, certes, il était

---

(1) On sait que M. de Martignac convoite la succession encore vacante de M. de Villèle, c'est-à-dire, cette haute, cette intime confiance que le monarque accordait à l'ex-président du conseil. A peine arrivé au ministère, et répondant à quelqu'un (*) qui, s'expliquant librement avec lui sur la conduite que le ministère devait tenir, lui disait : « Le mauvais côté « de la position du ministère, c'est qu'aucun de ses « membres n'a la confiance du roi... » Ce ministre prononça ces paroles assez remarquables : « Cela peut « être vrai pour mes collègues, mais non pour moi. « Le roi me connaît; il a de l'amitié pour moi, et j'es- « père obtenir bientôt toute sa confiance... » L'explication de la conduite de M. de Martignac est tout entière dans les paroles que je viens de rapporter. Ce ministre sait que le moyen le plus sûr de plaire aux princes, c'est de les flatter, de caresser leurs faiblesses, de respecter leurs préjugés : aussi l'a-t-il employé dans toutes les circonstances qui lui en ont fourni l'occasion, ainsi que je le prouve dans le cours de cet écrit. Il est possible que l'homme-roi récompense le ministre courtisan de lui avoir sacrifié les

(*) Faut-il dire qui?

loin, avant ce triste épisode de la session, de se croire investi, et à l'aide desquels encore, il se créerait des amis et des soutiens sur les bancs où siégent les partisans de l'ancien ministère?

Mais un autre motif a pu encore déterminer la conduite de M. le ministre de l'intérieur.

On a vu, dans l'historique de ma Négociation avec le président de l'ancien con-

---

devoirs de l'homme d'état. Les faiblesses humaines peuvent amener ce triste résultat, qui ne serait, au surplus, qu'un épisode rajeuni de l'histoire de tous les princes. Mais la France corps politique exempt de pareilles faiblesses, grand tribunal qui n'a que des arrêts à prononcer; la France amasse les matériaux de celui qu'elle rendra un jour contre les hommes qui auront été chargés de ses intérêts.... Malheur à ceux qui en auront trafiqué avec le pouvoir, qui auront échangé son estime et sa confiance contre la faveur passagère, inconstante de la cour! Le jour où, comme tant d'autres, ils rentreront dans la vie privée, leur existence sera bien triste, bien pesante, si quelques richesses, dérobées à la misère publique, des titres, des cordons, ne peuvent leur tenir lieu de l'estime de leurs concitoyens!

seil, que, dans l'un des Mémoires que j'ai adressés au roi, j'ai dit à S. M. qu'*aussi long-temps qu'elle n'exigerait pas de ses ministres qu'ils respectassent toutes nos institutions, qu'ils missent à exécution les lois du royaume; qu'ils gouvernassent selon la Charte, et administrassent avec justice et économie, il ne fallait pas compter sur l'amour des Français; qu'ils ne cesseraient jamais d'être fidèles, d'avoir pour le trône le respect auquel il a droit; mais que la plus froide indifférence pour la personne du monarque était le seul sentiment qu'avaient fait naître en eux les méfaits de l'ancienne administration, et le peu de dispositions que l'on montrait, depuis la chute de cette administration, à entrer franchement dans les voies constitutionnelles...*

Ces Mémoires, que j'avais envoyés à tous les ministres et à M. le dauphin, avaient pour eux l'autorité des faits et celle de l'irritation dans laquelle se trouvaient les esprits à cette époque (1) : ils firent quelque im-

---

(1) Voir l'espèce de Manifeste ministériel qui est

pression à la cour... De là l'obligation que M. le ministre de l'intérieur crut devoir s'imposer, de donner un démenti à mes brusques assertions, d'affaiblir les vérités sevères que j'avais rassemblées dans mes Mémoires; de là encore la sortie contre le texte abdiqué de l'accusation portée par M. Labbey-Pompières contre les anciens ministres; de là aussi peut-être le voyage du roi dans des provinces qu'un ancien ministre, qui connaissait bien l'opinion publique en France, avait, dans un Mémoire fameux (1), désignées, à S. M. Louis XVIII, comme étant *les moins bien disposées en faveur de la dynastie royale*...

Mais des protestations ministérielles ne prouvent rien. Je reconnais, je l'ai déjà dit, qu'en les faisant, le ministre put croire qu'il remplissait un devoir. Mais ce devoir n'accomplit rien, ne remédia à rien, ne changea pas l'état des choses. L'amour des nations

---

inséré au *Moniteur* du 14 novembre 1828, et dans plusieurs autres journaux.

(1) Mémoire du duc d'Otrante.

pour les princes qui les gouvernent ne peut naître que du bonheur, que de la gloire que ces princes répandent sur elles; que du respect qu'ils ont pour leurs droits; que de leur déférence pour l'opinion publique.

Or, M. le ministre de l'intérieur osera-t-il dire que toutes ces conditions ont été remplies depuis la restauration, et particulièrement pendant la longue administration du ministère dont la chute l'a appelé dans le conseil? Osera-t-il dire que tous les membres du conseil actuel, et lui tout le premier, s'appliquent à les remplir toutes?

Ah! qu'ils s'en imposent le devoir, et alors des manifestations non équivoques, et telles que celles que recueillait sur son passage le bon Henri, et non des déclarations de tribune, annonceront, persuaderont au roi qu'effectivement il n'est point *isolé de son peuple*, ni son peuple *isolé de sa confiance*; qu'il est aimé, chéri, respecté...

Des courses dans le royaume, la visite de telle ou telle province, des paroles de bienveillance, ne suffisent pas pour prouver la sollicitude du monarque pour un grand peuple : c'est à d'autres signes que l'on peut la reconnaître. Il ne faut pas prendre le silence pour du respect, la curiosité pour de l'empressement, un extérieur bienveillant, si naturel aux Français, pour l'expression de leur amour; sentimens qui, chez eux, je ne saurais trop le répéter, ne peuvent être que l'effet du bonheur que les actes du gouvernement répandront sur toutes les classes de la société, et qu'il serait, conséquemment, si facile de faire naître, s'ils n'existaient pas; de développer, si quelques inquiétudes, un certain malaise, les retenaient au fond des cœurs.

Je me hâte, toutefois, de dire que je suis loin de blâmer ces visites que le prince fait de son royaume. Selon moi, au contraire, elles doivent être plus fréquentes; mais elles doivent avoir deux buts :

Le premier, de recueillir les vœux, de connaître les besoins, d'écouter les doléances des peuples; de s'assurer que les lois de l'état sont fidèlement exécutées; que justice est rigoureusement faite; que ses agens, que les délégués de son autorité respectent et font respecter les institutions du pays et tous les droits civils et politiques des citoyens; d'annoncer, de promettre le redressement de tous les torts, et qu'il sera fait droit à toutes les plaintes qui dénonceraient à sa royale justice des infractions aux lois ou des injustices personnelles.

Le second, de veiller à ce que ses ministres tinssent religieusement les promesses faites pendant ces visites.....

Ah! qu'il en soit ainsi! que le roi, que l'héritier de son trône, multiplient ces courses paternelles! Alors ils seront sûrs que l'amour, et non la curiosité, amènera les populations sur leur passage; alors ce sera de la bouche non suspecte des peuples, et non de celle salariée des ministres, que nos princes apprendront qu'ils sont aimés, chéris, respectés!

J'arrive à l'opportunité de l'accusation que M. Labbey de Pompières a dirigée contre l'ancienne administration.

Il appartient, peut-être, à celui qui a osé écrire et remettre au président de cette administration les notes que l'on a lues dans mon premier écrit (1), d'examiner cette question délicate.

Cette question n'est pas de savoir quel sentiment a guidé l'honorable député; s'il a usé d'un droit préexistant, s'il a rempli un devoir : je reconnais que les sentimens les plus nobles, l'amour de son pays, la haine pour le despotisme ministériel, le plus odieux de tous, le respect pour les lois, que l'ancien ministère avait enfreintes ou foulées aux pieds; une sainte horreur de l'injustice, l'ont poussé vers la tribune accusatrice : je reconnais qu'il n'a fait, en accusant l'ancien ministère, qu'user d'un droit constitutionnel, et remplir le devoir d'un excellent citoyen, et d'un bon et loyal député..... Je vais plus loin : je reconnais, je proclame qu'une accusation portée contre des ministres prévaricateurs, que le prince a éloignés de son conseil, sera toujours une leçon utile donnée à leurs successeurs.

Mais tout cela n'établit pas, selon moi,

---

(1) Négociations politiques avec M. le comte de Villèle.

qu'il y eût opportunité dans celle dont je rappelle les diverses circonstances. Le premier résultat obtenu a prouvé le contraire; la suite qui sera donnée à cette triste affaire, si tant est qu'elle soit reprise à la prochaine session, le prouvera encore mieux.

Si l'on n'a voulu, d'une part, que du scandale; de l'autre, que placer, entre la France et l'ancien ministère, une barrière que celui-ci ne pût pas franchir, on a été pleinement, largement satisfait sous ce premier rapport; car le scandale a été bien grand... Mais, au lieu de s'en féliciter, il me semble que le côté de la chambre élective d'où l'accusation est partie, doit regretter que l'on y ait donné lieu; car il n'a servi qu'à affaiblir son influence parlementaire, accroître celle de ses antagonistes, et fournir à l'un des ministres, à M. le ministre de l'intérieur, une occasion d'asseoir sa faveur sur les ruines de cette influence.

Quant au second but que l'on a dû se proposer en dressant cet acte d'accusation, comment n'a-t-on pas reconnu l'impossibilité où le prince était de rendre sa confiance à des hommes déshérités de celle du pays, et qui ne pouvaient plus avoir celle des chambres? Sous ce rapport, l'accusation fut complètement inutile. Une seule combinaison pouvait maintenir ou ramener aux affaires, non pas l'ancien ministère, Dieu nous préserve jamais de son retour, ou de l'avénement d'un ministère composé de médiocrités aussi dangereuses! mais l'un de ces membres (1). Ce fut celle que j'avais préparée et dont j'ai rendu compte en publiant ma Négociation politique avec le président de l'ancien conseil.

Ah! celle-là, exécutée dans toutes ses parties, eût eu l'approbation de la France; parce qu'elle l'eût rendue heureuse; parce qu'elle satisfaisait complètement à tous ses vœux, à tous ses besoins!...

Pourquoi faut-il qu'elle ait été détruite, renversée par ceux-là même que la France place à la tête des plus dignes soutiens de ses intérêts! Une faute aussi grande devait-

---

(1) M. le comte de Villèle.

elle être commise par des hommes d'une raison aussi supérieure, d'un patriotisme aussi éclairé? Comment de pareils hommes ont-ils pu faire d'une question d'état une question de personnes? Comment ont-ils pu peser dans la même balance l'intérêt de leur amour-propre, de leur convenance personnelle, et les intérêts de la patrie..?

L'accusation ne pouvait avoir, n'aura pas pour résultat la condamnation des ministres atteints de prévarication, de félonie envers la France constitutionnelle; car il n'existe pas de loi qui régisse l'espèce.

Or, là où la loi se tait, l'arbitraire seul peut entendre, juger, condamner.

Mais était-ce bien des bancs de l'opposition constitutionnelle que devait sortir, à défaut d'une invocation à la loi qui n'existait pas pour l'espèce, cet appel qui a été fait à l'arbitraire parlementaire de venir au secours des passions?

Etait-ce bien à ceux qui professent la religion des principes; qui réclament toujours, avec raison le respect pour la légalité; qui veulent les imposer à l'administration et au gouvernement ; était-ce bien à eux à demander la violation de ceux-là, à être affranchis de celle-ci ?

Disons-le : l'acte de mise en accusation put être et fut l'œuvre d'un ardent patriotisme ; la satisfaction qu'une conscience pure, qui ne pouvait comprendre l'impunité des méfaits politiques de l'ancienne administration, croyait de son devoir de demander ; l'élan d'une grande ame, qui ne connaît pas de capitulation possible avec le crime, et qui pensait qu'à défaut d'une loi spéciale, on pourrait assimiler les différens chefs que cet acte dénonçait à la vindicte parlementaire, à des analogues qui sont prévus par notre Code criminel, et leur appliquer les peines que ce Code porte contre eux.

Mais l'erreur fut grande ; elle n'eût pas dû être commise par un bon esprit. M. Labbey de Pompières eût dû connaître que pour accuser des ministres, pour instruire contre eux, pour les juger, il fallait une loi spéciale, il fallait cette loi que l'article 56 de la Charte fait un devoir au gouvernement de faire rendre ; cette loi que la France attend depuis si long-temps, et que l'on est étonné de voir des ministres *honnêtes-gens* ne pas s'empresser de présenter à la discussion des chambres... (1). A défaut de cette loi, l'accusation fut plus qu'une erreur, plus qu'une maladresse; elle fut une faute, qui a profité à tous autres qu'aux amis de nos libertés et de nos institutions.

---

(1) Voir, au sujet de la responsabilité ministérielle et de la loi qui doit la régler, l'excellent article du *Journal des Débats*, sous le n° du 4 décembre dernier. L'auteur y prouve sans réplique combien cette responsabilité et la loi qui la constituera sont nécessaires à la royauté elle-même.

CHAPITRE TREIZIÈME.

SOMMAIRE.

Suisses.—Subsistances militaires.

Deux questions relatives au ministère de la guerre, et qui sont assez importantes pour que je les rappelle dans cet écrit, ont occupé l'attention de la chambre élective.

La première est celle des capitulations suisses. Les organes du gouvernement ont fait de vains efforts pour expliquer la nécessité de la présence en France de ces auxiliaires, que protégent des traditions surannées. S'ils se fussent moins occupés d'eux-mêmes, ils eussent peut-être été plus adroits dans le choix des moyens qu'ils ont employés pour défendre une cause, désormais perdue dans l'opinion publique; car il est des sentimens nobles et généreux, qui seront toujours compris d'une assemblée française, et qui obtiendront toujours ce que l'on refuse à de fausses considérations politiques, qui sont outrageantes pour ceux auprès de qui on a la maladresse de les faire valoir.

Pourquoi ne les a-t-on pas invoqués? Pourquoi n'a-t-on pas eu recours à ce moyen de succès? La France et ses mandataires eussent compris ce que la reconnaissance pour un grand dévouement peut imposer à une nation généreuse : ils ne comprendront jamais que la sûreté du trône et la défense d'aucune de nos frontières, commandent des sacrifices de la nature de ceux dont il s'agit. Ils auraient pu laisser au temps le soin de prouver au monarque l'inutilité de ces capitulations d'étiquette, qui ne sont plus en harmonie avec un gouvernement constitutionnel; ils ne consentiront jamais à admettre le principe de leur indispensabilité.

La seconde de ces questions est celle des subsistances militaires.

La discussion s'étant établie dans la chambre élective sur cette matière, qui a été l'objet de tant de controverses, M. le général

Sébastiani a dit, lors de la discussion du chapitre IV du budget de la guerre :

« Tout ce qu'une régie peut offrir de par-
« fait, je le reconnais dans l'administration
« des vivres. Mais c'est une régie, et, par
« conséquent elle doit être accompagnée des
« vices inhérens à la nature des régies.... »

Et aux attaques de l'honorable membre, un commissaire du roi, personnellement intéressé au maintien du système des régies, et à celui de la gestion directe (1), adopté depuis quelques années, a répondu :

« Depuis dix ans, ce système a procuré
« vingt millions d'économie sur la dépense
« qu'aurait occasionée une entreprise ; il a fait
« cesser les plaintes sur la qualité du pain ; et
« vos commissions conviennent que les *four-*
« *nisseurs* n'offrent pas les mêmes avantages,
« et qu'à aucune époque elles n'ont été aussi
« bien faites (2)..... »

---

(1) M. le sous-intendant militaire Thirat de Saint-Agnan, chef de la division des subsistances au ministère de la guerre.

(2) Seance du 24 juin. Voir le *Moniteur* du 26.

Je passe sur l'obscurité de cette rédaction, sur cette espèce d'amphigouri qui autoriserait à demander si ce sont les plaintes ou les *fournitures* qui ont été bien faites, depuis l'établissement du système de la gestion directe, et je reviens à la question.

Aucune réplique n'ayant été opposée à une défense qui s'appuyait sur de pareils résultats, à des assertions présentées avec tant d'assurance, l'orateur du gouvernement a triomphé. Cela devait être, cela sera toutes les fois que le député qui monte à la tribune, pour attaquer des spécialités de service, n'en possédera pas parfaitement tous les détails.

Mais supposons qu'un ancien administrateur militaire, ou un ancien agent de l'administration des vivres, comme il s'en trouve dans la chambre, se fût imposé le devoir d'attaquer à la tribune le système tant préconisé par M. le commissaire du roi, croit-on qu'il eût laissé sans réponse cette longue énumération des avantages de ce système sur celui des entreprises; ces aperçus mensongers, en tant qu'ils seraient absolus et non relatifs, que le défenseur des régies a opposés au raisonnement de son adversaire? Non, certes, et sa réplique eût pu être fortement victorieuse.

Examinons un peu les assertions de M. le commissaire du roi, et voyons ce qu'on aurait pu lui opposer.

Il a dit :

Premièrement : « Depuis dix ans, le sys-
« tème des régies a procuré à l'état près de
« vingt millions d'économie sur la dépense
« qu'aurait occasionée une entreprise. »

Et d'abord, en thèse rigoureuse, on pourrait contester la chose jusqu'à ce que l'examen de tous les comptes, patens et secrets, officiels et officieux, en eût démontré l'exactitude. Mais je l'admets, et je dis :

1°, Si vous avez dépensé en dix ans vingt millions de moins qu'il n'aurait fallu payer à une entreprise, à celle, par exemple, dont on a résilié le traité en 1827, c'est que vous avez eu depuis ces dix années une série non interrompue de récoltes abondantes ou bonnes, laquelle ne s'est pas rencontrée dans une période de cent années.

2° Vingt millions d'économie en dix années, ou deux millions par an, représentent environ le septième de la dépense totale pour le service *vivres-pain*, exécuté par une entreprise qui aurait été payée à raison de 21 centimes par ration; ce qui établirait la moyenne de la dépense faite par vous, s'il fallait raisonner d'après ce résultat, à environ 18 centimes par ration.

Mais j'ouvre vos comptes rendus aux chambres de 1820 à 1826, et je vois que votre dépense moyenne, pendant et pour ces sept exercices, est de 17 cent. 21 m. par ration (1).

Or, il est reconnu que le prix rationnel que l'on doit accorder à une entreprise est, à

---

(1)

En 1820—,18^{c} 00^{m}	1824—,16^{c} 82^{m}	
1821—,18, 62	1825—,16, 15	Donc,
1822—,16, 88	1826—,15, 86	moy.^{e} ,0,17^{c},21^{m}.
1823—,18, 15		

N'ayant pas les comptes de 1819, 1818, je n'ai pas pu comprendre ces deux exercices dans mes calculs; mais comme le prix du blé a été moins élevé à ces deux époques, qu'en 1820, 1821. 1823, leur influence sur mes aperçus eût plutôt diminué qu'augmenté la moyenne que je cherchais.

peu près, pour chaque ration, à raison du centime par franc du prix de l'hectolitre de blé; c'est-à-dire, que le prix moyen du blé étant, pour une période de neuf ans, de 21 francs l'hectolitre, la ration doit être payée 21 centimes.

Donc, pour que cette dépense de 17 c. 21 m., que vous auriez faite pendant ces années, prouvât une bonne gestion, il faudrait que la moyenne du prix du blé, pendant cette période, eût été de 18 fr. 93 c. l'hectolitre, c'est-à-dire, de 10 pour cent au-dessus de votre dépense réelle, puisqu'une entreprise doit, en outre de l'intérêt de son cautionnement, compter sur des bénéfices que vous, qui gérez par économie, devez réaliser au profit de l'état; condition sans laquelle je ne comprendrais ni le sens de ces mots, *gestion par économie*, ni l'utilité de votre mission.

Or cette moyenne du prix des blés n'a pas excédé, pendant la période de 1818 à 1827, le prix de 16 fr.; et une entreprise à laquelle on eût garanti ce prix pendant neuf ans, eût, comme je viens de le dire, traité de la fourniture du pain à seize centimes par ration.

Donc, vous qui ne payez aucun intérêt pour les fonds dont vous disposez; vous, qui ne devez faire aucun bénéfice, vous n'auriez dû dépenser, pendant cette même période, qu'à raison de 14 centimes 4/10 par ration, au lieu de 17 c. 21 m.; c'est-à-dire qu'au lieu d'une économie de vingt millions que vous annoncez si fastueusement avoir faite, vous eussiez dû en réaliser une de plus de trente-six millions; car la différence entre 17 c. 21 m. que vous avez dépensés, et 14 c. 40 m. que votre gestion, dite *par économie*, n'eût pas dû dépasser, d'après le prix moyen du blé, diminué des bénéfices que doit faire une entreprise et de l'intérêt de son cautionnement; cette différence, calculée pour une consommation moyenne de 65 millions de rations, est de 16,438,500 fr., qui, réunis aux 20 millions d'économie que vous annoncez, font bien au-delà de 36 millions.

Donc votre gestion, quoique moins onéreuse à l'état que ne l'eût été une entreprise à laquelle on eût accordé, en 1818, pour un traité de neuf ans, 21 c. par ration, a cependant été mauvaise, relativement au prix moyen du blé, et beaucoup moins économique qu'elle n'eût pu l'être, vu la série d'années abondantes, bonnes ou ordinaires, sans aucune interruption d'années mauvaises ou disetteuses, que vous avez traversée avec votre système dit *par économie.*

Secondement, la série décennaire de bonnes récoltes que vous avez traversée de 1818 à 1827, vient d'être interrompue. La récolte de 1828 n'a pas manqué ; elle a seulement été moins abondante, et les grains d'une qualité moins bonne. Ceux-ci ont haussé de prix, et je suis informé (1) que votre dépense de 1828, jointe à celle des dix derniè-

---

(1) Si je pouvais dire par qui je le suis, l'orateur officiel n'oserait pas démentir cette assertion. Toutefois cet orateur-gérant, que le *fiat lux* épouvante, a-t-il eu assez d'influence sur celui qui m'avait d'abord initié au mystère de la gestion directe, pour le décider à me donner un chiffre beaucoup moins accusateur. Je l'ai adopté par déférence, et tout en déclarant qu'il était faux, ce que l'avenir prouvera.

res années, élève la dépense moyenne, pour les onze années, à plus de 18 centimes par ration.

Ainsi, la consommation d'une année, qui n'a pas été disetteuse, mais seulement un peu moins que médiocre, et pendant laquelle, pour les cinq derniers mois, le prix n'aura pas excédé, pour toute la France, celui de 21 fr. l'hectolitre; cette consommation aurait élevé au-delà de 18 c. votre dépense des dix dernières années, qui n'était auparavant que de 17 c. 21 m., c'est-à-dire que le prix de la ration, pour cette année, devrait ressortir, dans vos comptes, d'après ce renseignement qui m'est donné, si vos comptes sont exacts et sincères, et sans parler des frais extraordinaires de notre expédition en Morée, à plus de 25 c.; car la différence de 17 c. 21 m., que vous auriez dépensés, à 18 c., somme à laquelle la dépense de 1828, produite par la hausse de cet exercice, élèverait, d'après la seconde déclaration semi-officielle que j'ai reçue, la dépense moyenne des onze années, cette différence est bien, pour chacune des années antérieures à 1828, de 0 c. 79 m. par ration, soit de 7 c. 90 m. pour les dix années ; or 17 c. 21 m. et 7 c. 90 m. font bien 25 c. 11 m.

Je ne prétends pas soutenir l'exactitude rigoureuse de cet aperçu, qui n'est que rationnel avec les résultats de vos comptes antérieurs, connus jusqu'à 1826, comparé à celui auquel une personne qui ne peut pas, qui ne doit pas être mal informée de tous ces résultats, m'a dit que ressortirait la dépense moyenne de 1818 à 1828 (1).

---

(1) Cette même personne m'avait dit, puis écrit que cette moyenne ressortirait à 19 c. et quelques millièmes, et je répète qu'elle ne peut pas, qu'elle ne doit pas être mal informée, à moins qu'on ne la trompe. Un mois après, elle m'a écrit que cette moyenne n'est que de 18 c. J'ai adopté ce nouveau chiffre sans y croire : 1830 dira lequel des deux est le véritable. Plus tard, cette même personne m'a dit que cette moyenne serait de 18 c. 1/2. Mais on a vu que je n'ai raisonné que sur 18 c., afin de me garantir du reproche d'exagération..... Comme je connais les ruses auxquelles MM. les commissaires du roi, pour les affaires de la

Cependant, admettant ces résultats, je vous demanderai à combien votre gestion par économie fera revenir la ration de 1829, même quand la récolte serait ordi-

---

guerre, ont recours, lorsqu'ils plaident pour leurs lares à la tribune législative, je prévois qu'ils diront : « La moyenne de 18 c., que l'on a présentée, « dans un écrit que l'on a publié sur la matière, « comme étant celle des dix dernières années, n'est « au contraire, que celle de 1828; et celle des an- « nées antérieures reste toujours telle qu'elle ré- « sulte des comptes qui ont été rendus aux cham- « bres. »

Si cela avait lieu, mon inscription en faux suivrait immédiatement leur déclaration.

Ensuite, raisonnant encore d'après cette fausse assertion, je leur dirai : « Vous abusez les chambres, « vous les trompez, lorsque vous leur dites que « vous n'avez dépensé que 18 c.; et je le prouve de « cette manière :

« Vous avez mis en consommation, depuis la ré- « colte de 1828, les six mois d'approvisionnement « que vous avez dû former au prix de 15 fr. l'hecto- « litre.

« Vous avez été ou vous serez obligé de les rem- « placer aux prix de 22 à 24 fr. Or, si vous rejetez

naire? Ce sera à un taux beaucoup plus élevé que celui auquel elle ressort pour 1828, puisque,

1° Vous avez consommé, pendant cet exer-

« sur les cinq derniers mois de 1828, la somme « résultant de la différence qu'il y a entre le prix « de 15 fr. auquel vous avez pu acheter les blés de « votre approvisionnement, et celui de 23 fr. au-« quel vous le remplacerez, le résultat sera évidem-« ment que vous aurez dépensé, pendant cette pé-« riode, au-delà de 21 c. pour vous replacer, avant « la récolte de 1829, dans la position où vous étiez « en août 1828.

« Ainsi toutes vos ruses n'empêcheront pas qu'il « ne soit démontré, même en ne tenant aucun « compte des renseignemens semi-officiels que j'ai « reçus, et en admettant, contrairement à la vérité, « l'assertion par laquelle vous leur donnez un dé-« menti; toutes vos ruses, dis-je, n'empêcheront « pas qu'il ne soit démontré que vous avez dépensé « au-delà de 21 centimes, pour une année qui a été « soumise, pendant cinq mois seulement, à l'in-« fluence d'une récolte, non pas mauvaise, mais « seulement médiocre, et pendant quatre mois de « laquelle le prix moyen le plus élevé des grains, « n'a pas excédé 21 à 22 fr.

cice, les approvisionnemens que vous avez formés, alors que les grains étaient à bas prix, c'est-à-dire, en 1825 et 1827 (1).

2° Vous avez dû, ou vous devrez les renouveler avec du blé acheté sous l'influence de la hausse qui s'est manifestée depuis le mois de juin, et qui n'a cessé de continuer jusqu'à ce jour.

3° Vous avez fait faire, à l'étranger, des achats au prix de 27 francs l'hectolitre, ce qui fera revenir les grains à plus de 33 fr., rendus dans les lieux de consommation; et j'ai dit que la comparaison rationnelle, entre le prix de la ration et celui des grains, était

---

(1) Leur prix moyen n'a pas excédé 15 fr. l'hectolitre, et il vous faudra les remplacer à celui de 22 à 24 fr., c'est-à-dire, en dépensant 50 pour cent de plus; ce qui, pour 220,000 quintaux métriques de blé, formant à peu près l'approvisionnement de six mois que vous annonçâtes avoir, fait une somme de plus de 1,700,000 francs, qui ira grossir votre dépense, même en supposant que vous ayez remplacé cet approvisionnement au prix de 23 fr. l'hectolitre, chose plus que douteuse.

du centime pour celle-ci, au franc de celui-là.

4° A ce prix de 33 fr., auquel vous reviendront les blés que vous avez fait acheter à l'étranger (1), il faut ajouter tous les frais de manutention.

5° Enfin, la récolte de 1829 peut n'être pas bonne, et les chances atmosphériques sont en faveur de cette prévision.

Or, rejetez encore cette augmentation sur la moyenne de vos onze dernières années; ajoutez-y l'influence que les deux années 1828-1829 auront nécessairement sur les prix de 1830 et 1831, et dites-moi à combien ressortira alors votre moyenne de quatorze années qui se seront écoulées de 1818 à 1831...; il est clair qu'elle dépassera 25 centimes par ration. Et remarquez bien que je ne tiens compte, dans ce rapprochement, que de l'influence de deux années, un peu au-dessous de celles médiocres, sur une période de quatorze années. Que serait-ce donc,

---

(1) Faut-il vous dire par qui et où?

si vous eussiez eu, pendant cette période, le nombre d'années mauvaises, disetteuses, qui se rencontrent ordinairement (l'expérience le prouve) dans une pareille période? Que serait-ce donc si vous aviez, d'ici à 1831, deux années comme celles de 1816-1817, pendant lesquelles les blés se sont élevés au prix de 40 fr. l'hectolitre?

Maintenant osez proclamer l'avantage de la gestion par économie, sur le système de l'entreprise! Osez nous dire que l'*expérience* (1) *vous a donné la conviction de la supériorité de ce premier service sur l'autre!*

Sans doute, si l'on pouvait compter encore sur neuf ou quinze années semblables

---

(1) Etrange manière d'argumenter, dans l'espèce, que de se prévaloir d'une expérience faite sur dix années qui n'ont amené que des récoltes abondantes, bonnes, ordinaires sur une seule médiocre! En entendant de pareils raisonnemens, on ne sait pas ce qui doit le plus étonner, ou de la témérité de celui qui les fait dans une assemblée législative, ou de l'indulgent silence de ceux à qui ils sont présentés comme des argumens sans réplique.

à celles que vous avez traversées de 1818 à 1827, il y aurait de la folie à traiter du service des vivres-pain avec une entreprise au prix de 21 centimes, la moyenne du prix du blé n'ayant pas dépassé, pendant cette période, le prix de 16 fr. l'hectolitre. Mais, dans cette supposition tout-à-fait gratuite, ce n'est pas 21 centimes qu'une entreprise vous demanderait, mais seulement 16; et elle trouverait dans ce prix un bénéfice assuré; car, je le dis encore une fois, l'évaluation rationnelle du prix qu'elle doit demander au gouvernement, a pour base le centime pour chaque franc du prix moyen des blés qui entrent dans la fabrication du pain qu'elle se charge de fournir.

Or, vous avez dépensé de 1818 à 1827 à raison de 17c 21c par ration, c'est-à-dire, que vous avez d'abord absorbé les bénéfices qu'elle eût faits, puis huit pour cent en sus.

« Dites encore que la gestion directe par le ministère, ou tout autre système analogue, est plus économique que la fourniture à prix ferme!

Je pourrais multiplier les considérations

qui prouvent tout le contraire de ce que vous avez avancé, et vous dire, par exemple, que, tandis que vous avez payé les blés tirés de l'étranger jusqu'à 27 fr. l'hectolitre, pris sur les lieux, une entreprise se fût hâtée, aussitôt que la récolte menaça d'être mauvaise, d'en acheter à moitié de ce prix; car, là où vous les avez fait acheter, en août, à 27 fr., ils ne se vendaient pas, en juin, au delà de 13 à 14 fr (1); et comme le prix, en France, avait atteint le *maximum* qui en autorise l'importation, elle eût été libre d'en faire arriver toutes les quantités dont elle aurait prévu qu'elle aurait besoin. Mais, au lieu d'avoir opéré avec cette prévoyance, vous avez commencé par consommer vos approvisionnemens, faits à bas prix, et vous n'avez su faire les achats qui devaient les renouveler et assurer votre service, qu'alors que la hausse eut élevé de plus d'un tiers le prix des grains.

« Pourquoi les choses se sont-elles pas-

---

(1) Voir le *Moniteur* de cette époque.

sées, sous le régime de la gestion directe, autrement qu'elles n'eussent eu lieu sous celui et par celui de l'entreprise? La réponse est facile : c'est que l'intérêt pécuniaire, lorsqu'il est personnel, ne dort jamais, et que ce même intérêt veille peu, lorsqu'il est bercé par des agens officiels, gérant la fortune publique; c'est, encore, qu'une entreprise est maîtresse de ses résolutions, et que l'exécution les suit immédiatement; tandis que, sous le régime officiel, rien ne se fait qu'avec les formes lentes des délibérations entre les bureaux et le ministre, entre ceux-ci et les agens sous leurs ordres; c'est, enfin, que le temps que, sous le régime officiel, on perd en délibérations, en vaines formalités, l'entreprise l'emploie, à agir, à exécuter. Sous le régime officiel, il faut employer des agens officiels, leur dire les besoins du service, leur confier des capitaux, des crédits, se mettre à la merci de leur probité; tandis que l'entreprise, par le moyen bien simple d'une lettre écrite à un correspondant, achète et fait arriver, sans bruit, partout où elle le veut, toutes les quantités dont elle a besoin..... Voilà tout le secret de la supériorité de l'entreprise sur la gestion directe du ministère, ou de tout autre système dit *par économie*.

« Cependant, de tout ce qui précède je ne prétends pas tirer la conséquence que, personnellement, vous avez mal géré. Les reproches que je fais aux résultats de votre gestion, s'adressent bien moins à vous qu'au système que vous avez adopté, lequel est mauvais, ruineux et fécond en tracasseries parlementaires. Personne, à votre place, n'eût obtenu, peut-être, de meilleurs résultats : je veux le croire, et j'admets volontiers avec M. le général Sébastiani, mais sans que cela tire à conséquence : que tout ce qu'une régie peut offrir de parfait se trouve dans celle que vous dirigez. Mais je m'écrie, avec cet honorable député : c'est une régie, et, par conséquent, elle doit être accompagnée des vices inhérens à la nature des régies. »

Il est temps de sortir du cercle vicieux dans lequel on se meut depuis si long-temps. Il est temps de recourir au système de l'entreprise à prix ferme, pour le service des vivres-pain. En vain, pour combattre cette opinion, me direz-vous que les entreprises exécutent leurs traités aussi long-temps qu'elles y trouvent du profit; mais qu'elles y renoncent, du moment qu'ils ne leur offrent que de la perte.... Ce raisonnement prouverait contre ceux qui ont rédigé et accepté les traités, anciens, et nullement contre le système. Il a pu en être ainsi des entreprises éphémères et, le plus souvent, confiées à des hommes sans fortune, sans crédit, sans considération, desquels on n'exigea qu'un cautionnement illusoire. Mais vous n'aurez jamais pareille chose à craindre d'une entreprise confiée à des hommes honorables et honorés, riches par eux-mêmes, et qui ajouteront à leurs garanties personnelles, la garantie d'une ou de deux de nos premières maisons de banque, qu'ils feront intervenir au contrat, et, si vous fortifiez ces garanties d'un cautionnement réalisé en un approvisionnement d'une année, vous ne craindrez plus qu'elle abandonne le service, alors que les récoltes deviendront menaçantes; car une entreprise, ainsi formée, aurait plus à perdre en abandonnant le service, et en renonçant à l'exécution de son traité, qu'en restant fidèle à ses engagemens.

Et ne dites pas que l'on ne trouverait jamais une compagnie qui offrît toutes ces garanties ; car je vous répondrais, moi, qu'elle se présentera aussitôt que vous provoquerez ses offres ; et qu'elle consentira à se charger de votre service, si vous lui accordez, pour un traité de neuf à quinze années, en outre de l'intérêt de son cautionnement, le prix de vingt-un centimes par ration, qui est rationnel avec la moyenne du prix du blé pendant cette période, et surtout si vous avez l'équité de vous placer avec elle dans le droit commun, pour tous les cas de contestation entre vous et elle, sur l'exécution de son traité.

Concluons.

Premièrement, je vous ai prouvé que si vous avez, seulement, deux récoltes un peu au-dessous de celles médiocres, sur une période de quatorze années, votre gestion par économie fera revenir le prix de la ration à plus de vingt-cinq centimes.

Secondement : consultez la statistique des récoltes, depuis cent ans, et vous ne trouverez aucun exemple d'une période de dix années semblable à celle que vous venez de traverser, laquelle a offert six années de récoltes abondantes, deux bonnes, une ordinaire et une un peu au-dessous de celles que l'on nomme médiocres.

Donc, en traitant au prix de vingt-un centimes par ration pour neuf ou quinze ans, avec une entreprise telle que je vous l'indique, et que vous la trouverez, vous vous garantirez contre l'influence des mauvaises récoltes, et contre la hausse des grains qui en serait la conséquence; et vous débarrasserez, vous et les chambres, de ces discussions fastidieuses, pénibles, auxquelles donne lieu l'examen de cette partie de votre budget, et qui le deviennent bien davantage encore, lorsqu'il s'agit des crédits supplémentaires, auxquels de faux calculs ou des prévisions inexactes vous ont forcé de recourir.

Sans doute, vous devez appréhender que les chambres, au sein desquelles vous avez, sans cesse, proclamé la supériorité de la gestion directe sur l'entreprise à prix-ferme, et qui se sont habituées, depuis dix ans, à voir la ration de pain ne ressortir, dans les comptes que vous leur avez présentés, qu'à un peu plus de dix-sept centimes; sans doute, dis-je, vous devez appréhender la surprise où les jettera votre résolution de traiter de la fourniture du pain à vingt-un centimes. Mais cette surprise cessera bientôt, si vous mettez sous leurs yeux le tableau fidèle et raisonné de ce que vous pourriez dépenser, pendant une période de quatorze ans, c'est-à-dire, de 1818 à 1831, qui n'aurait offert que deux récoltes mauvaises, mais non disetteuses, et, par comparaison, de ce que vous dépenseriez s'il se présentait une période composée comme l'expérience, une expérience antérieure à celle que vous avez faite depuis dix ans, nous apprend qu'elle peut, qu'elle doit être, qu'elle sera toujours, toutes époques mises en présence l'une de l'autre, et leurs résultats balancés entre eux.

Si vous mettez sous les yeux des chambres ce double travail, elles applaudiront à votre prudence, et homologueront de leur vote la prime d'assurance que vous aurez allouée à une entreprise constituée comme je viens de vous l'indiquer.

Quant à cette assertion, maladroitement spécieuse, dont vous avez appuyé votre opinion en faveur de la régie directe, savoir : que l'entreprise a l'inconvénient de mettre les parties prenantes en contact avec les fournisseurs, et de les exposer à des séductions dangereuses ou nuisibles à un bon service, il n'y a qu'une chose à répondre : c'est que ce contact existe avec tous les systèmes, et que les moyens de séduction dont vous parlez, sont tentés par vos comptables comme par ceux de l'entreprise ; car ils sont pour les uns comme pour les autres une source de profits qu'aucun d'eux n'a négligés ni ne négligera dans aucun temps. C'est à l'autorité, c'est aux intendans militaires à veiller à ce qu'ils ne soient pas employés, à ce que le blutage des farines soit fait au taux fixé par les réglemens, et à ce qu'il n'y ait point de rachat des rations qui devraient être consommées par les troupes. Ils le peuvent pour l'entreprise comme pour la gestion directe, puisque celle-là doit être soumise aux réglemens qui régissent celle-ci. Ainsi, votre raisonnement, sur ce point, est comme les conséquences que vous en tirez, faux et sans force.

L'existence politique d'un ministre n'étant pas comme celle d'un chef de division, voire même d'un directeur, dépendante de la conservation de tel ou tel système administratif; celui de la guerre, qui aime à s'éclairer, qui veut le bien, avait provoqué des explications, recherché des lumières ailleurs qu'auprès de ses bureaux, sur la grave question que je viens d'examiner; et, convaincu par des chiffres, et par les résultats désastreux de la gestion directe pendant la fin de 1828, qu'un traité à prix-ferme, passé avec une compagnie qui lui offrirait les garanties que j'ai indiquées plus haut, était une espèce d'assurance contre les effets des mauvaises récoltes et de la hausse qui en est la conséquence inévitable, il s'était montré tout décidé à substituer ce dernier mode à celui que dirige auprès de lui l'un des défenseurs de ses budgets.

Mais, de nos jours, un ministre n'est pas

toujours maître, quelque bien intentionné qu'il soit, de faire ce qui lui paraît et le plus convenable, et le plus avantageux. Il n'a rien fait pour arriver à ce but, lorsqu'il n'a consulté que sa raison, l'expérience et les grands intérêts qui lui sont confiés. Sa volonté, enchaînée par la main puissante de l'intérêt particulier de ceux de ses chefs de division qui vivent d'abus et d'attributions inutiles, se tait lorsque ces petits oracles ont parlé : c'est ce qui est arrivé dans la circonstance dont il s'agit.

D'abord, on a combattu tout changement de système; mais voyant que le ministre avait enfin pris la résolution d'adopter un mode d'administrer le service des vivres qui garantît la fortune publique contre les chances des récoltes, qui affranchît sa propre responsabilité des censures parlementaires que la discussion de ses budgets, la demande des crédits supplémentaires provoquaient chaque année; voyant, dis-je, cette résolution de M. le ministre de la guerre, M. le commissaire du roi, directeur de la gestion directe du service des subsistances, sachant bien que son existence, en cette qualité, tient uniquement à la conservation de ce système, ou à la substitution d'un mode à peu près semblable, a opposé des intérêts à des intérêts; il a dit au ministre: « Nous avons un personnel tout organisé, « ce qui offre des ressources toutes prêtes « pour le service des subsistances d'une ar- « mée, en cas de guerre. Si vous traitez de « ce service à prix-ferme par ration avec une « compagnie, elle le fera exploiter par des « agens de son choix. Que deviendront, dans « ce cas, ceux qui font notre service? Ne « pouvant pas les garder à la solde de l'ad- « ministration de la guerre si elle ne les em- « ploie pas, il faudra les licencier; et, le cas « d'une guerre arrivant, vous n'aurez plus à « votre disposition des agens dignes de vo- « tre confiance pour la direction de ce ser- « vice, à une armée active. Cette considéra- « tion est grave, elle seule suffirait pour au- « toriser la continuation de la gestion directe; « mais enfin, si vous voulez y renoncer, que « ce ne soit que pour une partie. Divisez le « service en *fourniture de grains* et en *manu-*

« *tention;* traitons avec une compagnie pour « celle-là; mais n'abandonnons pas celle-ci, « continuons à la faire exploiter par nos agens. « De cette manière, nous conserverons un « personnel qui peut nous devenir néces- « saire, et nous serons plus assurés de la « bonté du service. »

Tel a été le raisonnement de M. le commissaire du roi, directeur du service des subsistances au ministère de la guerre, et il faut bien dire qu'il a fortement ébranlé la résolution où était d'abord M. le ministre de ce département, de traiter de tout le service des vivres à prix-ferme par ration, s'il obtenait les conditions et les garanties que je lui ai dit qu'il fallait exiger d'une compagnie, et auxquelles je suis assuré qu'elle se soumettra, si l'on consent en retour à entrer avec elle dans le droit commun.

Mais ce raisonnement spécieux peut et doit se traduire ainsi :

Si l'on traite de la ration à prix-ferme, un directeur, un chef de division des subsistances de la guerre, est inutile; un simple chef de bureau, aidé de huit à dix commis, suffirait à tous les détails ministériels de ce service.....

Disons donc ce qui est vrai : Toute la question que nous examinons ici, est pour M. le commissaire du roi, une question de conservation ou de perte d'une haute position, d'un gros traitement, d'une grande influence. Quoique placé, par son ancienneté dans le cadre administratif, fort en arrière d'un grand nombre d'anciens fonctionnaires que l'intrigue, une intrigue qu'il a connue, a disgraciés, il a assez d'expérience pour savoir que jamais l'administration de la guerre n'a manqué d'agens et de bons agens, lorsqu'elle a dû préparer des organisations pour le service des armées (1). Le besoin, l'am-

(1) Si les services des subsistances à l'armée d'Espagne ont donné lieu à des plaintes si graves, ce n'est pas que le ministère de la guerre manquât d'agens; c'est que les choix furent injustes, détestables, comme cela arrivera toujours lorsque l'esprit de parti et la police les dirigeront, lorsque le droit sera sacrifié à l'intrigue, lorsque ce qui appartient aux services sera accordé à des intrus sur des recommandations de cour ou d'après les exigences du parti-prêtre.

bition lui en ameneront toujours plus qu'il ne lui en faudra; et, lorsque l'on fixe son attention sur cette fatale ordonnance de 1817 qui a éloigné de l'activité plus de trois cents fonctionnaires des corps qu'elle a supprimés, et sur ces réformes nombreuses, arbitraires, injustes, des agens des services aux armées, qui ont accusé la justice de ceux qui les ont fait prononcer; lorsque l'on voit tant de moyens de former un personnel administratif pour le service des armées, n'est-on pas étonné de voir un chef de division de la guerre avoir recours, pour forcer la confiance et la raison du ministre à ne pas adopter une mesure qui introduit l'économie dans les dépenses, la simplification dans la comptabilité, en même temps qu'elle est une garantie pour sa responsabilité; n'est-on pas, dis-je, étonné de voir ce chef de division avoir recours à des subtilités pareilles, s'armer, contre celui à qui il doit la vérité, de considérations aussi fausses?

Le mot est dur, je le sais; mais il est vrai, et je l'admets dans toute son acception, jusqu'à ce que M. le directeur de la gestion directe ait répondu à ce dilemme :

Le cas de guerre arrivant, tout le personnel du service des vivres, près de nos armées, sera composé d'agens retirés des places et des divisions de l'intérieur; ou bien, on n'appellera aux armées que les principaux agens de l'intérieur, auxquels on croira nécessaire de confier les fonctions de régisseurs ou directeurs.

Dans l'un et dans l'autre cas, comment improvisera-t-on tout ou partie du personnel pour le service de l'intérieur ? Et si l'on peut l'improviser pour ce service, qui empêcherait qu'on ne le pût également pour celui des armées, la fourniture des vivres étant donnée dans l'intérieur à une compagnie ?

Mais je veux admettre, ce qui n'est pas, qu'il soit indispensable de conserver le personnel actuel du service des subsistances dans l'intérieur, pour composer celui du même service aux armées; il y a une manière simple d'arriver à ce résultat.

C'est de mettre dans le traité que l'on ferait avec une compagnie pour la fourniture de la ration à prix-ferme, la condition que tous les agens de l'administration de la guerre qui exploitent le service des vivres, passeront à sa solde, et seront employés par elle, les directeurs exceptés, vu que ce sont des rouages dont l'administration de la guerre a déjà reconnu l'inutilité, et qu'elle ne tardera pas à supprimer : les intendans divisionnaires, voilà les véritables directeurs de son service.

Or, le cas de guerre arrivant, l'administration de la guerre trouvera, dans ces directeurs, les agens supérieurs dont elle aura besoin pour le service des armées.

Que l'on cesse donc de présenter le besoin de conserver le personnel du service de l'intérieur pour le service des armées, comme un obstacle à un traité qui comprendrait la fourniture des grains, la manutention et la distribution.

Abordons maintenant ce conseil que, dans le désir que j'ai expliqué plus haut, M. le directeur des subsistances de la guerre aurait donné au ministre, de ne traiter que pour la fourniture des grains.

Je n'hésite pas à dire que l'inexpérience seule pourrait faire excuser celui qui a osé donner au ministre un conseil aussi dangereux.

Entrons ici, pour l'instruction du lecteur, dans quelques détails sur le service des vivres.

Dans le système actuel, les comptables manutentionnaires sont chargés des achats, à-peu-près sur tous les points de consommation.

Qui osera dire qu'ils ne font aucun bénéfice sur ces achats, dont ils comptent de clerc à maître?

Or, premier bénéfice : celui qu'ils font sur les achats. C'est être bien modeste que de ne l'évaluer qu'à 5 p. o/o.

2° L'administration de la guerre leur alloue une commission de 2 1/2 p. o/o.

3° La manutention et les rachats, que l'on ne parviendra jamais à empêcher entièrement, ont, de tous les temps, produit environ 10 p. o/o.

Si donc vous traitiez avec une compagnie pour la fourniture générale des grains, il est évident que les comptables actuels perdraient à ce mode de paiement les 7 1/2 p. o/o que leur produisent les deux premières sources de bénéfices ci-dessus expliquées.

Mais les agens des subsistances renoncent difficilement à des bénéfices auxquels ils sont habitués. Dépouillés par ce traité de ceux qu'ils réalisaient directement, ils sauraient, par des tracasseries, inaperçues par l'autorité qui aurait la mission de les prévenir ou de les faire cesser, forcer la compagnie chargée de leur livrer les grains qu'ils devraient manutentionner, à leur faire des remises égales aux bénéfices que leur procuraient les achats dont ils étaient chargés avant elle; et cette compagnie, qui saurait tout cela, comprendrait dans ses calculs cette remise pour au moins . 5 p. o/o

Ensuite elle dirait :

Premièrement : si j'étais chargée de la manutention et de la distribution, je ferais, sur le *rendement* de mes grains et sur les rachats, un bénéfice de 10 p. o/o, que réaliseront les comptables à qui je les livrerai;

A reporter 5 p. o/o

Report 5 p. 0/0

et, cependant, toutes les chances de perte, occasionées par les mauvaises récoltes, par la hausse qui en est la conséquence, sont pour moi. Je dois donc trouver, dans le prix de mon traité, une compensation à ce bénéfice que je ne peux faire, que d'autres feront pour moi. Or, faisons entrer ces 10 p. 0/0 dans nos calculs : ci 10

Secondement : On exige que j'aie, à titre de cautionnement, un approvisionnement d'un an. Les manutentionnaires de l'état ne devront ou ne pourront en recevoir de moi qu'un de trois mois, il faudra donc :

1° Que je loue, ou que je fasse bâtir des magasins destinés à recevoir les neuf autres mois de mon approvisionnement. Il est évident que cette dépense

A reporter 15 p. 0/0

Ci-contre	15 p. o/o
équivaudra au moins à 2 pour cent de mes achats.	2
2° Que je conserve et entretienne cet approvisionnement à mes périls et risques. C'est évaluer bien bas la dépense, pour le personnel attaché à cette conservation et pour le déchet que de ne la porter qu'à 3 p. o/o.	3
Voilà donc, de compte fait,	20 p. o/o

que je dois retrouver dans le résultat de mon traité, en sus de l'intérêt de mes fonds, en sus de mes bénéfices naturels.

Tel sera le raisonnement de cette compagnie.

Or, elle ajoutera à ses calculs, au prix de son traité pour la fourniture des grains, ces vingt pour cent.

D'où la conséquence que l'adoption de ce système coûterait évidemment vingt pour cent à l'administration de la guerre.

Épuisons la matière.

Nous avons dit que l'on pourrait traiter pour neuf ou quinze ans, au prix de 21 centimes par ration.

Dans le système du partage du service entre une compagnie qui fournirait les grains, et l'administration de la guerre qui les recevrait et les manutentionnerait, les dépenses de manutention restent à la charge de celle-ci.

Or, ces dépenses sont communément comptées pour 2 centimes 1/2 par ration.

Resteraient donc 18 centimes 1/2 pour la valeur rationnelle du prix des grains.

Et comme nous avons établi que le rapport entre le prix de la ration du pain, et celui de l'hectolitre de grain, était du centime de celle-là au franc de celui-ci, il suit que le prix à allouer à la compagnie avec laquelle on traiterait ne devrait pas excéder 18 fr. 50 c. pour l'hectolitre.

Ce prix représente-t-il le prix moyen de neuf ou quinze années? Non; ce prix moyen, pour une pareille période, est de 20 à 21 francs; et c'est pour cela qu'une entreprise traiterait à 21 centimes pour la ration distribuée; elle traiterait à ce prix, parce qu'elle trouverait dans la manutention un bénéfice de dix pour cent dont elle est privée dans le système d'un simple traité pour la fourniture des grains.

Mais ce prix de 18 fr. 50 c. qu'il ne faudrait pas excéder pour que la dépense de l'administration de la guerre n'excédât pas 21 c. par ration, prix auquel j'ai dit et je prouverai qu'elle trouverait à traiter avec toutes garanties; mais ce prix, dis-je, ne serait pas encaissé en totalité par la compagnie qui aurait traité de la fourniture des grains, puisque l'on a vu, par les explications qui précèdent, qu'elle devrait dépenser, tant pour remise aux comptables manutentionnaires, récepteurs de ses grains, que pour la conservation des neuf mois d'approvisionnemens formés à titre de cautionnement, dix pour cent au moins de son prix. Ce ne serait donc plus que 16 fr. 65 c. qu'elle réaliserait net.

Mais ce n'est pas tout: il faut encore retrancher de cette somme, pour avoir le prix moyen auquel il faudrait qu'elle pût acheter des grains:

1.° L'intérêt de ses fonds, calculé à 6 pour cent taux du commerce;

2° Les bénéfices qu'elle doit naturellement se promettre d'une pareille entreprise. C'est être modéré que de ne les compter que pour une quotité égale à l'intérêt des fonds, soit pour 6 p. o/o.

Voilà donc 12 p. o/o qu'il faut déduire du prix coté ci-dessus, ce qui le réduit à 14 fr. 67 c.

Or, je le demande, quelle compagnie serait assez folle pour espérer qu'elle pourrait opérer pendant neuf à quinze ans, avec un prix moyen de 14 fr. 67 c.; assez imprudente pour accepter un traité qui lui offrirait neuf chances évidentes de perte, pour une possible de bénéfices?

Concluons :

Premièrement, tout traité pour la fourniture des grains, s'il est fait à un prix qui excède 18 fr. 50 c. l'hectolitre, dépassera celui de 21 c. par ration auquel j'ai dit que M. le ministre de la guerre pourrait trouver à traiter avec toute garantie, et sera, par conséquent, une faute grave, puisqu'en le faisant le ministre ajouterait volontairement et sans motifs raisonnables, aux dépenses de l'état, pour cette partie de son service.

Secondement, une compagnie qui traiterait de la fourniture des grains à ce prix de 18 fr. 50 c., préparerait sa ruine, et serait forcée de renoncer à son traité dès les premières années, après avoir abandonné son cautionnement d'un an d'approvisionnement.

Maintenant, je laisse le lecteur tirer la conséquence des raisonnemens qu'il vient de lire, et je passe au service des fourrages.

Ce service ne peut pas être traité à prix-ferme par ration, pour plus d'une année. Les variations considérables et la hausse du prix des denrées, dont on ne peut se garantir par des approvisionnemens, s'opposeront toujours à ce que des hommes prudens acceptent un traité à prix-ferme, pour neuf ou quinze années, à moins que ce prix ne fût de plus de 1 fr. 25 c. par ration.

Le système actuellement suivi par l'administration de la guerre, sur les points principaux de consommation, et qu'elle se propose de généraliser, c'est celui de la gestion directe, ou du service par compte de clerc à maître.

Ainsi, ses agens achètent les denrées, et rapportent à l'appui de leurs comptes, et comme le contrôle de leurs achats, les mercuriales des lieux où ils les ont faits, ou des traités dont les allocations sont appréciées d'après ces mêmes mercuriales.

Viennent ensuite les frais de manutention, d'administration et de l'entretien du personnel; les pertes et autres accidens, dont un gérant n'est responsable que lorsqu'ils peuvent lui être imputés.

Ce système est vicieux et singulièrement onéreux à l'état; j'en aurai donné la preuve, lorsque j'aurai dit qu'un homme très solvable offre de faire une bonification de cent mille francs par an, si l'on veut le charger du service de Paris, aux mêmes conditions qui sont celles auxquelles sont soumis les comptables de l'administration de la guerre, qui l'exploitent; celles auxquelles gère l'agent qui est chargé de ce service.

Mais si l'on ne peut pas traiter du service des fourrages à un prix-ferme modéré, qui serait, par exemple, de 1 fr. 05 cent. par ration, on peut adopter un système qui fasse profiter l'administration de la guerre du bénéfice considérable et scandaleux que font sur elle les agens par lesquels elle fait gérer ce service, sous la condition d'un compte de clerc à maître.

Ce système consisterait à traiter avec une compagnie, sous la condition d'être payée de sa fourniture d'après les mercuriales des lieux de consommation; mais en bonifiant à l'administration de la guerre 5 pour °/₀ des prix portés sur ces mercuriales, et en ne recevant rien pour frais de manutention et d'administration.

Si l'on me demande comment et pourquoi une compagnie consentirait à faire cette bonification, et à renoncer à ses frais de manutention, je répondrai :

1° Qu'il sera toujours possible à une compagnie, comme cela l'est aux agens de l'administration de la guerre, d'acheter à des prix inférieurs à ceux des mercuriales ;

2° Que les bénéfices inhérens à la manutention, bénéfices que les agens de l'administration de la guerre ont, comme les entrepreneurs, réalisés dans tous les temps, sont bien supérieurs aux frais occasionés par cette manutention;

3° Qu'ainsi, en réalisant ces deux espèces d'avantages à l'administration de la guerre, une compagnie se réserverait encore des bénéfices qui suffiront toujours à son ambition.

Et que l'on ne me dise pas que l'on ne trouverait aucune compagnie qui voulût traiter à ces conditions; car je répondrais en en présentant une qui mériterait, sous tous les rapports, la confiance de M. le ministre de la guerre, et qui réaliserait toutes les garanties qu'il serait prudent d'en exiger.

Il suit nécessairement de tout cela qu'il y a nécessité de renoncer au système abusif et ruineux qui a été adopté jusqu'à ce jour pour le service des fourrages, et à lui substituer celui dont je viens d'expliquer les grands avantages.

CHAPITRE QUATORZIÈME.

CONCLUSIONS.

Lorsque les élections de 1827 furent connues, la France crut y voir une victoire complète remportée sur les ennemis de ses institutions. Un rigoureux mandat, celui de renverser le système politique qui pesait sur elle depuis si longtemps, fut donné à ses représentans : hommes et choses, actes administratifs et législation, tout lui semblait devoir subir ou éprouver l'influence de la majorité constitutionnelle que les nouveaux élus amenaient dans la chambre.

Mais, hélas! la France se trompait... ; elle avait tout compté, hormi les faiblesses humaines... ; et celles-ci, placées dans la balance parlementaire, la firent bientôt pencher du côté du nouveau ministère, qui, rassuré par cet auxiliaire, sur lequel il n'avait pas compté d'abord, sentit sa force, et ne douta plus qu'il ne lui fût facile, à l'aide de quelques concessions plus apparentes que réelles, et tout-à-fait inoffensives pour le parti qu'il sentait le besoin de ménager, de traverser paisiblement la session dont il avait tant appréhendé les exigences!

Cependant les hommes, les députés qui n'avaient pas transigé avec le mandat qu'ils avaient reçu, pressaient les ministres de donner des satisfactions au pays; mais aucune n'était accordée...; on pensait généralement que la cour, dont les nouveaux ministres n'avaient pas trop la confiance (1), ne leur laissait pas la liberté d'agir selon qu'ils étaient, disaient-ils, disposés à le faire.

Il fallait donc trouver un moyen qui forçât la cour à laisser plus de liberté aux ministres.

Un seul pouvait être victorieux; c'était le refus du budget pour 1829 (2). Je le

---

(1) Voir à cet égard la note rapportée page 119 au Chapitre XIIe.

(2) J'informai plusieurs membres du conseil que

proposai à un député de mes amis; il s'en empara; mais, retenu par je ne sais quelle influence, il n'eut pas le courage de s'en servir.

La session suivit son cours; toutes les lois, les comptes, les budgets, les crédits extraordinaires et supplémentaires furent votés à peu près tels que les ministres les avaient présentés, demandés. Une minorité timide, ou trop disposée à des transactions, et qui plaçait sa confiance dans le temps, disait à ceux qui se montraient plus exigeans : « Ayons patience; déjà deux lois importan-« tes ont été présentées; d'autres sont pro-« mises; ne compromettons pas l'avenir de « la France par trop de précipitation... » Imprudens! qui ne voyaient pas que les lois présentées étaient mauvaises ou incomplètes; que l'une environnait de difficultés la liberté de la presse périodique, qu'elle semblait cependant vouloir débarrasser des entraves dont elle était surchargée.

---

la proposition en serait faite... Je tais leur réponse : m'en sauront-ils gré?

Que l'autre consacrait l'impunité des fonctionnaires publics, au lieu de les soumettre au juste frein des lois pour toutes les prévarications électorales et les dénis de justice dont ils se rendront coupables.

Une chose, il est vrai, pouvait séduire des esprits naturellement peu défians : c'était les rapports qui servaient de développement à ces lois. Jamais les principes de la liberté constitutionnelle n'avaient été établis, professés avec plus de luxe, plus de générosité que dans ces rapports; et, en cela, il semble que leurs rédacteurs aient voulu l'emporter sur les publicistes les plus pénétrés des droits des peuples qui ont écrit sur ces matières.

Mais qu'étaient ces rapports, comparés au fait qu'ils développaient? Une insultante déception. La session a prouvé que leurs auteurs (1), loin de professer sincèrement la religion des droits politiques des peuples, tels que la Charte les a définis, réglés, consacrés, n'admettent cette religion que dans

---

(1) MM. de Martignac et Portalis.

la théorie; qu'ils la repoussent dans la pratique, ainsi que le prouvent également les lois qu'ils ont présentées, et les exposés des motifs par lesquels ils les ont fait précéder. Ici, tout est grand, généreux, franc, loyal : c'est le langage que les organes du gouvernement doivent parler à un grand peuple; là, tout est soupçon, entraves, rigueurs, oppression : c'est le despotisme, stipulant contre des esclaves.

Mais pourquoi une contradiction aussi manifeste entre des actes émanant d'un même pouvoir, sortis des mêmes cerveaux, échappés à une même plume? Pourquoi est-on ici tout miel, et là tout fiel? Pourquoi reconnaître, faire semblant d'accorder, dans les exposés des motifs des lois présentées, les principes généreux de droit public que la Charte a consacrés, et les violer, les fouler aux pieds dans ces mêmes lois qui devraient, cependant, en prescrire l'exécution?

Pourquoi? la réponse est facile. MM. les ministres (1), et, pour eux, le pouvoir oc-

(1) Ceux qui ont présenté ces lois, et qui en ont soutenu la discussion.

culte dont ils subissent le joug, la feraient, s'ils voulaient parler, s'ils pouvaient être vrais..... Ils se taisent..... Je puis parler pour eux.

Cette contradiction, que je viens de signaler, est l'effet d'une tactique tout récemment adoptée par les ennemis de nos institutions et de nos libertés, et qui paraît être imposée à MM. les ministres comme une loi, comme une condition de leur existence ministérielle, par la faction jésuitique.

En voici le motif:

Cette faction, qui n'ignore pas que les masses sont contre elles, cette faction, qui s'est vue sur le point d'être renversée pour toujours; qui l'eût été si l'on eût montré, dans la chambre élective, cette unanimité de sentimens, cette religion des doctrines constitutionnelles avec lesquelles ses membres sont arrivés; si ceux-ci eussent voulu fermement, et tout de suite, le triomphe de ces doctrines: cette faction, à qui la ruse et l'astuce tiennent lieu de la force réelle qui lui manque; qui veut triompher à tout prix; qui ne le peut qu'en divisant les forces parlementaires, qu'en affaiblissant les résistances; cette faction s'est dit : « La masse « des Français lit peu les lois, et, pour le « plus grand nombre de ceux qui les lisent, « les rigueurs, les inconstitutionnalités « qu'elles renferment seront inaperçues, si « l'on a la précaution de les cacher sous le « voile de la subtilité. Nous pouvons donc « faire et présenter des lois dans lesquelles « l'exercice des libertés publiques sera telle« ment entravé, qu'il ne pourra pas avoir « lieu.

« Mais ces mêmes Français qui lisent peu « les lois, qui n'en étudient pas l'économie, « lisent volontiers les exposés des motifs qui « leur servent de développement, ainsi que « ceux que font les rapporteurs des commis« sions chargées de l'examen de ces lois. Il « faut donc, dans ces exposés, dans ces « rapports, reconnaître, consacrer le droit, « en promettre l'exercice; il faut y professer « les maximes constitutionnelles les plus « pures, les principes de droit public tels « qu'ils sont consacrés dans la Charte... Alors « on croira à la chose que l'on aura lue, étu-

« diée, comprise; on applaudira à notre pa-
« triotisme; on se confiera à nos bonnes in-
« tentions; on croira à notre respect pour la
« Charte.....; alors, nous aurons séduit la
« multitude, nous l'aurons pour nous;
« nous aurons affaibli l'influence de l'oppo-
« sition constitutionnelle, fortifié les faibles,
« décidé les incertains; et nos lois passeront
« telles, où à peu près, que nous les aurons
« présentées.. .. »

Tels ont été la tactique et le langage de la faction jésuitique; et, comme l'influence de cette faction arrive de trop haut aux ministres pour qu'ils aient la force de la mépriser, et le courage de ne pas s'y soumettre, ils n'ont su qu'obéir.

Mais il appartient aux chambres de leur montrer d'autres devoirs; de leur faire, même pour leur propre conservation, une loi de leur accomplissement; il leur appartient de déjouer une manœuvre qui est une insulte à la législature, que l'on ose supposer, ou assez peu clairvoyante pour ne pas s'apercevoir de la ruse; ou assez faible pour accueillir, sous le spécieux prétexte de la paix publique, ou de je ne sais quels ménagemens envers la couronne (qui doit être sans influence sur les discussions dans les chambres), les entraves dont on n'a pas craint de leur proposer d'enchaîner les plus précieuses de nos libertés ; ou enfin assez peu pénétrée de leurs devoirs pour attendre, dans une trompeuse et coupable sécurité, qu'il ait plu à MM. les ministres de leur présenter les lois qui furent promises par le discours du trône ; que la France attend de leur fidélité ; qu'elle a le droit d'exiger du pouvoir.

Mais les chambres feront savoir aux ministres, dans la session qui va s'ouvrir, qu'ils doivent choisir leur position ; qu'ils doivent, ou se montrer les réparateurs de toutes les fautes, de tous les crimes de l'ancienne administration, que les Mémoires contemporains ont déjà flétrie, et dont l'inexorable histoire signalera les membres, (ceux, du moins, qui ne craignent pas de professer encore les principes anti-constitutionnels d'après lesquels cette administration s'est dirigée) au mépris, à la haine de la postérité ;

ou de se déclarer franchement les imprudens continuateurs de cette administration.

Mais, quelle que soit la position dans laquelle ils veulent se placer, il faut que les ministres renoncent à séduire les mandataires de la France par une éloquence qui n'aborde les doctrines constitutionnelles qu'en hésitant, et pour les fuir et les combattre aussitôt; à les tromper par des promesses qu'ils n'auraient pas, ou l'intention, ou le pouvoir de réaliser.

Ainsi que je l'ai dit ailleurs, le temps des ménagemens est passé. Il n'a que trop duré. Il est temps de s'affranchir de ces précautions oratoires qu'une urbanité trop complaisante a introduites dans le langage parlementaire, et qui n'ont servi qu'à enhardir certains ministres, dans l'emploi des moyens avec lesquels ils éludent ou combattent toutes les propositions qui ont pour objet l'affermissement, ou la conquête de nos institutions.

Il est temps de ne plus affecter une confiance aveugle dans des intentions qui manquent d'unanimité, de force, et peut-être de sincérité.

Et d'ailleurs, à quoi ont servi les ménagemens dont on a usé depuis si long-temps, et les concessions que l'on a faites à l'obsession ministérielle? A rien, si ce n'est peut-être à entretenir, à donner de la force à cette idée, fausse et dangereuse, que la couronne peut reprendre ou retenir, d'abord une partie, puis la totalité du bienfait de Louis XVIII; système qui nous conduirait infailliblement, tôt ou tard, à une crise dont les conséquences possibles, inévitables, effraient les amis de l'ordre, de la paix et d'un gouvernement légal.

Il n'en est pas des ministres comme des membres de la chambre élective, ou d'une partie de cette chambre: arrivés avec des intentions pures, avec la résolution formelle de faire triompher les doctrines constitutionnelles, une opposition ministérielle systématique, calculée, arrêtée d'avance, a pu mettre ces derniers dans l'impuissance de remplir leur devoir, d'accomplir leur mandat. Mais les intentions des ministres, quelque favorables qu'elles soient à ces doctrines, ne doivent rencontrer, ne rencontreront jamais hors des chambres aucune opposition qu'ils ne puissent vaincre par la puissance du raisonnement, par un exposé fidèle de la disposition des esprits et des volontés du pays. Pour eux, il ne faut que vouloir fortement; car ils sont bien sûrs qu'ils trouveront dans les chambres une majorité qui les fera triompher de tous les obstacles, qui leur donnera la force de briser toutes les résistances.

Mais il est une chose qu'il faut dire, parce qu'elle est vraie, parce qu'il est utile qu'on la sache : c'est que ceux de MM. les ministres qui sont moins disposés à favoriser le développement de nos institutions, rejettent sur des intentions qui ne devraient jamais être accusées ni suspectées, et que la forme de notre gouvernement a comme isolées des discussions politiques; c'est, dis-je, que ces ministres rejettent sur ces hautes intentions l'impossibilité où ils prétendent être de faire exécuter les lois du royaume contre les jésuites; de nous présenter toutes celles qu'appellent le complément de nos institutions, l'affranchissement de nos libertés, enchaînées par une législation qui n'est pas en harmonie avec la Charte. « Nous ne sommes « pas disent-ils, maîtres de nos volontés, « nous sommes gênés dans nos mouvemens, « dans notre action. Nous voudrions faire ce « que demande le pays; mais nous sommes « retenus par une résistance puissante que « nous ne pouvons vaincre. Ne soyez pas « trop exigeans; attendez; demandez peu « cette année. Si vous exigez trop, vous per- « dez tout; vous provoquez la dissolution de « la chambre et celle du ministère; vous « préparez, peut-être, le triomphe, le re- « tour de l'ancienne administration; vous « exposez le pays à une crise dont on ne « peut pas prévoir les conséquences, et dont « la responsabilité retomberait sur vous. Ac- « cordez-nous votre confiance; fiez-vous à « nous, *nous sommes d'honnêtes gens*, qui « voulons sincèrement l'exécution de la « Charte. »

Oui, tel a été, tel est, tel sera encore le langage, si ce n'est du ministère pris collectivement, du moins celui de certains de ses membres, de ceux qui exercent la plus grande influence dans les discussions et sur nos affaires publiques. Ce langage, ce n'est pas à la tribune, ce n'est pas dans les comités qu'il est tenu par ces ministres : c'est dans les réunions, c'est dans les entretiens familiers et confidentiels qu'ils le font entendre, et des agens, des confidens adroits et des hommes abusés le répètent dans les salons et même dans certains journaux; et il faut bien ajouter, parce que cela est malheureusement vrai; il faut bien ajouter que ce langage, qui porte contre des personnages augustes des accusations que l'on doit repousser; il faut bien ajouter que ce langage trompeur, mais adroit, mais perfide, n'a que trop réussi, jusqu'à ce jour, à disposer des esprits honnêtes, mais trop confians, à une dangereuse temporisation: ce qui explique, peut-être, les dissidences à l'aide desquelles la majorité constitutionnelle, qui devrait être si compacte dans la chambre élective, s'est vue chancelante, ébranlée, affaiblie dans les questions les plus vitales; ce qui explique encore certaines victoires que le ministère a remportées dans quelques discussions.

Mais l'opposition constitutionnelle ne doit plus croire à ces imprudentes, insidieuses et indiscrètes confidences, qui frappent le ministère d'incapacité, si elles sont sincères; qui l'accusent d'une déloyauté bien coupable, si elles prêtent au monarque une résistance aux vœux du pays, qui est toute du fait des ministres. La franchise, la loyauté, la délicatesse, repoussent ces confidences. Des consciences politiques mobiles ou mal affermies peuvent seules les accueillir, et y trouver une règle de conduite.

Écartons l'idée qu'il en existe sur les bancs où siégent les hommes que la France considérait comme les plus fermes soutiens, comme les plus ardens défenseurs de ses droits constitutionnels. Mais, en supposant qu'il s'en trouvât quelques-uns, MM. les ministres s'abuseraient étrangement s'ils croyaient que le nombre en est grand, ou qu'ils exercent sur la chambre élective une influence capable de leur donner une majorité asservie. La majorité constitutionnelle dans cette chambre se forme des consciences de chacun de ses membres. Si l'on a pu se laisser guider quelque temps par l'influence d'un talent que l'on a cru réuni à des principes que rien ne pouvait ébranler, on désertera cette influence, aujourd'hui que l'on s'aperçoit qu'elle est disposée à des transactions incompatibles avec le respect dû au mandat, et que la religion des sermens ne permet pas d'admettre.

Ce n'est pas avec de la confiance trop légèrement accordée, ce n'est pas avec des déférences, avec des complaisances pour le pouvoir, que l'on fait du gouvernement, et du gouvernement constitutionnel; c'est avec des doctrines, avec des principes fortement sentis, religieusement suivis; c'est encore avec la résolution de ne point s'en séparer, de les faire triompher.

Ou les députés de la France veulent lui conserver le peu de ses libertés politiques qui n'ont pas encore été détruites par ceux qui s'en sont déclarés les ennemis, et reconquérir celles qui lui ont été ravies;

Ou ils sont, au contraire, résolus à se confier aveuglément, pour la conservation des unes et la conquête des autres, au pouvoir des ministres, qu'ils auraient rendu discrétionnaire.

S'ils sont dans cette dernière résolution, ils doivent voter tous les budgets, toutes les demandes de crédits qui leur seront présentées chaque année, par anticipation; car, à quoi servirait de refuser les moyens d'action à un ministère auquel ils seraient décidés d'abandonner toutes les destinées de la France.

Mais si, pénétrés de l'importance de leur mission, des devoirs qu'elle leur impose envers le pays, ils veulent forcer le ministère à respecter nos libertés encore non attaquées, à nous rendre toutes celles qui nous ont été enlevées, un seul moyen leur est offert; c'est celui de refuser leur vote à ces budgets, à ces demandes de crédits, jusqu'à ce qu'ils aient satisfait à ce pressant besoin des Français.

Rarement il y a eu, en fait de libertés politiques, identité entre les intentions du gouvernement et les désirs des gouvernés. Toujours on vit ceux-ci demander en ce genre tout ce que la loi naturelle, rectifiée par l'expérience acquise des besoins sociaux, autorise l'homme à exiger de ceux qui le gouvernent.

Toujours aussi, mais avec plus d'opiniâtreté, on vit ceux-là refuser tout d'abord, et n'accorder quelque chose que lorsqu'ils y ont été contraints par la force des circonstances, par quelques-uns de ces événemens terribles qui ont presque toujours changé la face des états.... L'histoire de tous les peuples et de tous les âges, et notre propre histoire, sont là pour attester cette triste vérité.

Voisins d'un pays très judicieusement nommé la terre classique de la liberté, souvenons-nous que ce n'est qu'au refus que fit la chambre des communes de ce pays de voter aucun subside, tant qu'on ne lui accorderait pas les franchises qu'elle demandait, que le peuple anglais doit toutes celles dont il jouit.

Que les membres de la chambre élective se souviennent donc, quelles que soient les nuances d'opinion qui les distinguent, sur quelques bancs qu'ils soient assis, qu'ils ne sont arrivés dans cette chambre qu'après avoir pris vis-à-vis de ceux dont ils tiennent leur mandat, l'engagement de faire triompher les doctrines constitutionnelles, d'obtenir l'exécution des lois du royaume contre ceux qui les enfreignent, quelle que soit, d'ailleurs la livrée dont ils se couvrent.

En serait-il parmi eux qui voulussent être parjures à leurs sermens? Serait-ce donc pour trahir leur mandat, servir les ambitions ministérielles ou leur propre ambition, qu'ils auraient arraché, par de belles professions de foi, le vote de leurs électeurs?

Ah! du moins, ces promesses, ces sermens qu'ils ont faits de défendre les intérêts constitutionnels, ont été de leur part un hommage rendu à cette vérité, désormais incontestable, que la France veut la Charte, toute la Charte, la légitimité avec la Charte, et que ce n'est qu'en lui promettant de remplir ses vœux qu'ils ont pu obtenir l'honneur de la représenter! . . . . . .

Quel est donc celui d'entre eux qui oserait consentir l'ajournement indéfini de la présentation des lois qui doivent mettre notre législation en harmonie avec la Charte, que la France leur a demandées, qu'ils lui ont promises, qu'elle attend de la foi jurée?

Quel est celui qui oserait, en le faisant, se déclarer l'esclave du bon plaisir des ministres, le mandataire de l'arbitraire, le représentant des intérêts de cour, le support du parti ultramontain?

Quel est, enfin, celui qui oserait lacérer, fouler aux pieds le mandat qui l'a envoyé à la législature?

Mais non! aucun de nos députés ne voudra se rendre coupable d'une semblable forfaiture. La session dernière a dissipé, sans doute, toutes les illusions. Des espérances déçues, des promesses violées, ont dû leur prouver l'inutilité, le danger des concessions, et qu'il ne doit pas y avoir de transaction entre eux et le ministère.

Aucun d'eux n'oubliera donc que la France attend de ses mandataires, ainsi que je l'ai déjà dit, autre chose que des complaisances pour les ministres, et que la confiance aveugle que ceux-ci leur demandent est bien moins la leur qu'elle n'est celle de la France;

qu'il ne leur est pas permis d'en disposer à ses risques et périls, et qu'ils ne doivent l'accorder, qu'après avoir réalisé les garanties contre lesquelles seules elle l'accorderait elle-même, si elle pouvait intervenir dans les délibérations parlementaires autrement que par ses mandataires.

Or, ces garanties qu'elle exigerait, qu'elle les a chargés d'exiger pour elle, qu'ils doivent forcer le pouvoir à lui donner, c'est la présentation immédiate, et avant la discussion et le vote du budget, de toutes les lois qui doivent mettre notre législation en harmonie avec la loi fondamentale; c'est, en première ligne, l'exécution des lois du royaume contre les jésuites, non point seulement comme l'ont réglée les molles ordonnances du 16 juin dernier; mais de la manière ferme, absolue à laquelle les plus hautes considérations avaient décidé le président de l'ancien conseil à s'arrêter (1).

L'opinion publique demandait impérieusement que justice fût faite de certains hauts fonctionnaires publics qu'elle accusait: ceux-

(1) Voir mes *Révélations*.

ci de fraudes électorales, de dénis de justice; ceux-là de provocations au désordre, au meurtre; et tous d'être les agens de la faction jésuitique.

Force fut donc de lui donner, ou de paraître lui donner satisfaction... Les ordonnances du 12 novembre dernier parurent. On a vu comment M. le ministre de l'intérieur et M. le garde-des-sceaux ont compris les vœux de la France sous ce rapport..... Des explications ont été demandées à ce premier ministre; et, s'il faut en croire une assertion qui court le monde, et qui m'a été répétée par celui-là même avec qui ce ministre aurait eu ces explications, le roi, pressé par lui de faire quelques changemens dans le personnel de la haute administration, lui aurait dit: « Faites les choix que vous croirez convenables; *mais n'accordez rien à la gauche de la chambre des députés.....*; et le remaniement qui vient d'avoir lieu du personnel administratif et du conseil d'état, ce remaniement que l'organe du ministère présente comme l'une des satisfactions que le pays demandait, et comme la seule en ce genre que le gouvernement du roi soit disposé à accorder, pourrait, à la rigueur, prouver que telle aurait été l'intention du monarque.

Toutefois, par respect pour le prince, il faut se refuser à croire qu'un ordre aussi inconvenant ait été donné par lui à son ministre; qu'une précaution, qui rabaisserait son caractère, et compromettrait la dignité royale, ait été prise par Sa Majesté; qu'un pareil ostracisme politique ait été prononcé par celui qui ne doit voir dans tous les Français, que des citoyens égaux en droits, et dans ceux voués à la défense de nos institutions, que des hommes plus particulièrement dignes de sa confiance; car le contraire impliquerait contradiction avec les sermens de fidélité à la Charte, et à nos institutions, que le prince a cru nécessaire de renouveler à l'ouverture de la dernière session; autoriserait des soupçons outrageans pour lui; justifierait des craintes, des inquiétudes, une irritation qu'il serait imprudent de ne pas dissiper, si elles existaient encore; plus imprudent de faire naître, de provoquer de nouveau, si des paroles mémorables ont réussi à calmer celles dont le ministère a avoué l'existence dans son manifeste du 14 novembre dernier.

Mais enfin, fût-il vrai que le roi, tourmenté, comme l'on sait qu'il l'est sans cesse, dans sa conscience politique, et dans sa conscience religieuse, (que l'on met sans cesse en opposition entre elles) par les ennemis des droits et des libertés que la Charte a créés, reconnus, garantis; fût-il vrai que le roi eût eu ce moment de faiblesse; le devoir du ministre était de la combattre, au lieu d'en recevoir l'expression comme un ordre.

Dès-lors, ce n'est plus le roi qui parque ainsi les Français, qui en fait deux familles, dont l'une absorberait, seule, avec sa confiance, toutes les graces et toutes les faveurs du gouvernement; tandis que l'autre n'aurait pour elle que la défiance, l'injustice, les dédains et les rigueurs de la cour et des ministres.

Mais a-t-on bien réfléchi aux conséquences que doit avoir une pareille distinction, aux dangers qu'il y a pour la dynastie de s'isoler ainsi d'une partie des Français, de placer entre elle et les dix-neuf vingtièmes de la nation, que le côté gauche des chambres ou l'opposition constitutionnelle représente, cette espèce d'ostracisme politique dont j'ai parlé, et qui résulterait, pour cette immense majorité, d'un ordre royal qui l'exclurait des grands emplois et des hautes fonctions publiques.

Est-ce donc lorsqu'il est si urgent de travailler à une fusion générale de toutes les opinions, de tous les partis, que l'on doit perpétuer les haines, les divisions, en créant des rivalités, en instituant une aristocratie des emplois?

La confiance du roi, les faveurs que, s'il fallait ajouter foi à cette assertion ministérielle, il voudrait n'accorder qu'à telle ou telle classe d'individus, constitueront-elles bientôt une autre légitimité, et deviendront-elles le patrimoine héréditaire de telles ou telles familles, à l'exclusion des autres?

Que d'imprudence, grand Dieu! et que

d'absurdité il y aurait dans une pareille résolution !

On conçoit que les ministres soient jaloux d'avoir à leur disposition un moyen de châtier des dissidens, d'attirer à eux des députés ambitieux ou nécessiteux. Mais, comme un pareil calcul dégraderait la majesté royale, nous repoussons l'idée qu'il ait été fait par le roi; nous croirons plutôt que le ministre auquel on prête la déclaration contre laquelle nous nous élevons, a couvert sa propre volonté du manteau royal, afin de la rendre inattaquable.

On fait souvent parler le prince, et de bien des manières.

C'est ainsi qu'en décembre 1827, sa volonté, exprimée par le président de l'ancien conseil, était que l'on fît, dans les choses et dans les individus, dans les actes administratifs et dans la législation, tous les changemens que l'opinion constitutionnelle et l'exécution de la charte réclamaient.

C'est ainsi qu'aujourd'hui on nous représenterait cette même volonté, comme absolument opposé à tout ce qui pourrait favoriser le développement de nos institutions.

Que faut-il que la France croie? A qui, du président de l'ancien conseil, consentant alors, au nom du roi, à toutes les satisfactions que la France demandait; ou de M. le ministre de l'intérieur, qui accuserait aujourd'hui d'inconstitutionnalité les intentions du monarque; à qui, de l'un ou de l'autre, la France doit-elle croire? Le respect pour le prince, la confiance que l'on a besoin d'avoir en lui répondent à cette question.

Je l'ai dit et je le répète : Méfions-nous, aujourd'hui plus que jamais, de ces confidences ministérielles qui accuseraient les intentions du monarque. C'est un principe reconnu, dans les monarchies constitutionnelles, que le roi ne peut faire mal. La raison en est simple : c'est que dans ces monarchies le prince ne fait rien, n'ordonne rien, en matière de gouvernement, que d'après les décisions de son conseil. Or, c'est ce conseil, ce sont les ministres qui sont coupables et responsables du mal qui se fait, des injustices qui se commettent au nom du roi, ainsi que des fautes en politique qui compromettent l'honneur, la gloire, la sûreté du pays.

Mais, dira-t-on, il peut arriver que le roi oppose une résistance opiniâtre aux mesures qui lui sont proposées par son conseil. Or, celui-ci ne pouvant rien faire, rien ordonner qui soit contraire à la volonté du roi, il faut de ces deux choses l'une :

Ou que les ministres se soumettent à la volonté du roi, gouvernent dans un sens opposé à ce qu'ils jugent être utile, nécessaire, indispensable;

Ou qu'ils se retirent.....

Il n'y a point, pour eux, une troisième alternative.....

Eh bien! oui: lorsque les ministres sont placés ainsi entre leur conscience et les volontés du prince, ils doivent se retirer; ils doivent rendre leurs portefeuilles, résigner leurs hautes fonctions, aussitôt qu'ils s'aperçoivent que les résistances du roi, sa volonté, s'opposent à ce qu'ils fassent le bien qui doit être fait.

Une pareille résolution serait digne de

ministres *honnêtes-gens* (1) ; elle doit être celle d'hommes qui mettent l'estime de leurs concitoyens au-dessus de la faveur de la cour, de laquelle la faveur publique les dédommagera toujours, lorsqu'elle aura une aussi noble cause.

Oui, les ministres doivent, le cas y échéant, offrir leur démission. Ils le doivent d'autant plus, qu'une aussi noble résolution sera, pour le prince, un avertissement salutaire : elle lui apprendra qu'il faut que ses conseillers soient bien pénétrés de la sagesse, de l'urgence de leurs conseils, puisqu'ils leur sacrifient une situation à laquelle est attaché tout ce que les hommes ambitionnent ici-bas : la faveur, les honneurs, la puissance, la richesse.... ; et la conversion du prince sera la conséquence inévitable de cet acte courageux et patriotique, qui consoliderait l'existence des ministres, au lieu de l'ébranler.

Mais, rentrant dans la question, il faut dire

---

(1) Epithète que M. Hyde de Neuville a employée en parlant des membres du conseil.

au ministre qui se serait enveloppé dans l'injustice choquante, impolitique de l'ordre dont il s'agit ; il faut lui dire : ne donnez rien ni à l'opposition de gauche, ni à l'opposition de droite ; donnez tout, accordez tout à la France, à l'opinion publique. Sachez étudier les vœux de celle-ci, les besoins de celle-là ; elles sauront bien reconnaître si vos choix les ont satisfaites ; et leur mécontentement ou leur approbation vous diront assez si vous les avez trahies, trompées, ou si elles sont contentes.

Et vous, ministres du roi, en qui la France avait placé des espérances que les liens qui vous tiennent enchaînés vous empêchent de réaliser, gardez-vous, quelque sévère que je me sois montré dans le cours de cet écrit, de croire qu'en le publiant, je n'ai fait que céder à un mouvement d'hostilité systématique ! Rendez, je vous en prie, plus de justice à mes intentions.

En rappelant vos résistances à de justes exigences ;

Vos refus de donner au pays les satisfactions qu'il demande à son gouvernement ;

Vos ménagemens pour des hommes dont

l'opinion publique vous demandait le sacrifice ;

Les doctrines surannées et antisociales que l'un de vous n'a pas craint de proférer à la tribune ;

Cette inconstance parlementaire, qui vous a fait caresser tantôt un côté des chambres, tantôt un autre, selon que vous comptiez trouver, dans celui-ci ou dans celui-là, l'appui du nombre nécessaire à la formation de la majorité dont vous aviez besoin ;

Cette fluctuation de principes, d'opinions, que vous avez apportée dans l'une et dans l'autre chambre, selon que le succès après lequel vous couriez vous commandait, ici, de rétrécir le cercle de nos libertés légales, qu'un pouvoir occulte, qui vous domine encore, à votre insu, voudrait anéantir ; là, de défendre les limites de celui dans lequel vous aviez réussi à les renfermer, et auquel il ne pouvait plus être touché que sous peine de voir vos lois rejetées ;

Vos déceptions envers quelques membres de la chambre élective, dont vous avez exploité le modérantisme, caressé l'ambition, flatté les nécessités, et qui ont eu la faiblesse de transiger avec vous de leur conscience politique, de leur mandat;

En rappelant, dis-je, dans cet écrit, toute votre conduite politique pendant la dernière session; en déroulant, sous vos yeux mêmes, le tableau des fautes graves que vous avez commises, des erreurs dans lesquelles vous êtes tombés;

En disant la fâcheuse impression que les unes et les autres ont faite sur la France constitutionnelle;

En faisant cela, j'ai voulu deux choses:

La première, vous montrer que le seul moyen que vous ayez encore de conserver long-temps la direction de nos affaires, et, avec elle, la considération publique, était d'entrer franchement dans les voies constitutionnelles; de ne voir d'ennemis pour vous, soit en dehors, soit en dedans de la législature, que dans les hommes qui veulent vous en écarter;

La seconde, de ramener à la religion des sermens ceux qui l'auraient abdiquée; à leurs devoirs envers la France, ceux qui en auraient sacrifié une partie au désir de vous plaire, au besoin qu'ils ont, pour eux ou pour les leurs, d'obtenir des places ou des faveurs.

Ministres du roi, faites céder vos craintes et votre amour-propre à la grande raison d'état ! Écoutez-moi jusqu'au bout :

Voulez-vous être forts contre toutes les résistances ? Placez-vous au milieu des intérêts constitutionnels ; car c'est là qu'est le nombre, c'est là qu'est la véritable force ; et ces intérêts, ces inétrêts seuls, doivent encore être, sont encore ceux du trône, que vous compromettez en combattant contre eux.

Voulez-vous assurer le calme du pays, et la sécurité du trône, qu'ébranlèrent naguère, par le parjure, l'injustice et la violation de nos droits constitutionnels ?

Voulez-vous fondre toutes les nuances d'opinions diverses, rallier tous les Français à un même drapeau, éteindre les haines, donner au pouvoir royal la force et la considération dont il a besoin pour être lui-même ?

Voulez-vous tout cela... ? Ne séparez jamais les doctrines constitutionnelles des doctrines de la légitimité ; ne provoquez jamais le sacrifice de celles-là à celles-ci... ; ne consentez jamais à ce sacrifice. Faites, au contraire, qu'elles se prêtent un mutuel appui. Au temps où nous vivons, les unes ne peuvent, sans danger, être séparées des autres.

N'oubliez jamais que c'est mal comprendre les intérêts de la couronne, que de ne pas respecter, et religieusement exécuter les conditions du grand pacte politique qui, à l'époque de la restauration, est intervenu entre nos princes et la nation ; que les enfeindre ou les violer, c'est rompre des liens que la prudence vous commande de resserrer toujours davantage ; c'est préparer des catastrophes, des bouleversemens, dont les premières victimes, il faut bien le dire, ne seraient pas ceux envers qui on aurait manqué de foi.

Voulez-vous être vous-mêmes ; voulez-vous cesser d'être considérés comme des hommes que l'influence de l'ancienne administration a placés sur le fauteuil ministériel, pour amortir les haines qui étaient accumulées sur elle; comme une ombre d'elle-même, vue en raccourci, dont elle dirige les mouvemens; comme des espèces de mandataires qu'elle a députés auprès des pouvoirs législatifs, pour en arracher, à l'aide d'espérances qu'elle retient, de promesses qu'elle vous défend de réaliser, les budjets qu'elle n'eût pu obtenir elle-même?

Voulez-vous rassembler les élémens de la force de la France, dont elle peut bientôt avoir besoin; assurer sa considération au dehors; la préparer pour des jours de gloire, si elle était provoquée au combat?

Voulez-vous enfin être les auteurs de tout le bien que je vous indique? gardez-vous de voir un sentiment hostile dans tout ce que je viens d'écrire, de révéler; et, au lieu de vous en offenser, mettez à profit les avis que vous donne mon patriotisme; préparez-vous à présenter, dans le cours de la session qui va s'ouvrir, les lois que le discours prononcé par la couronne, à l'ouverture de la session précédente, autorise la France et les chambres à exiger de vous.

Et surtout, et avant tout, faites exécuter les lois du royaume contre ceux qui les enfreignent....

Alors, avec quel empressement la France vous rendra cette confiance qu'elle est encore forcée de retenir, et dont vous avez besoin pour remplir dignement la mission que le prince vous a confiée ! Avec quelle satisfaction les chambres voteront les crédits que réclament les besoins de 1830 ! Avec quelle joie elles vous proclameront à la France entière, les restaurateurs de nos libertés, les dignes soutiens du trône, les nobles défenseurs des droits du pays ! . . . .

. . . .

Je terminerai cet écrit par une dernière réflexion :

C'est que l'œuvre de la formation du conseil, créé par l'ordonnance du 4 janvier, est incomplète.

Nous avons neuf ministres, administrant chacun une section des affaires du pays, délibérant sur ces affaires. Mais l'homme d'état qui doit résumer toutes les délibérations du conseil, rassembler, pour les présenter au prince, les opinions émises sur les grandes questions qui s'y agitent, les éclairer des lumières supérieures qui doivent distinguer le chef d'un pareil conseil; déterminer, prendre et faire connaître la résolution souveraine pour les choses qui rentrent dans le cercle des prérogatives constitutionnelles du monarque; cet homme d'état, ce président du conseil, où est-il? Je le cherche; les vœux des hommes sages l'appellent; il n'existe pas... Le conseil des ministres est sans directeur de ses délibérations: c'est un vaisseau sans pilote. La grande pensée de l'homme d'état, cette pensée qui doit embrasser dans son ensemble, pour les faire concorder entre eux, nos intérêts intérieurs et extérieurs; cette pensée ne se voit nulle part dans le conseil. La France a une administration et n'a point de gouvernement; c'est-à-dire que le gouvernement, qui est la principale affaire de tout état bien organisé, est, chez nous, comme sacrifié à l'administration, qui n'en est pourtant que l'accessoire.

Cependant, jamais notre pays ne s'est

trouvé, peut-être, dans une circonstance qui réclamât plus impérieusement l'action, l'influence d'un gouvernement fort, hardi sans témérité, prudent sans faiblesse; jamais il n'eut plus besoin de voir à la tête de son conseil un de ces hommes supérieurs, dont le génie saurait rendre inutiles ces transactions politico-législatives dont la France étonnée commence à s'alarmer, qui sont une infraction à des engagemens pris avec les électeurs, et qui déconsidèrent dans l'opinion publique les individus ou les masses qui se les imposent, ou qui les acceptent, sans donner plus de force (l'exemple en est facile à saisir), plus de stabilité à l'administration, laquelle ne peut trouver une véritable force, et la condition d'une longue existence, que dans des actes qui satisferont aux vœux et aux besoins du pays, et non dans le recrutement incertain, fugitif, instantané, de quelques influences parlementaires; et non dans des demi-mesures, dans des projets de lois qui n'ont de conformes aux principes constitutionnels que les titres sous lesquels ils sont présentés; et non dans des concessions réciproques qui ne satisfont personne.

Cet homme supérieur, ce génie de l'homme d'état, saurait forcer toutes les résistances à suivre le mouvement imprimé par le siècle, toutes les ambitions à se renfermer dans le cercle tracé par les besoins des peuples, et les intérêts des états.

Si l'absence d'un président du conseil, tel que je viens le désigner, est sentie par tous les hommes qui réfléchissent sur les affaires du pays, elle ne doit pas être inaperçue de MM. les ministres ; et c'est encore dans l'intérêt de leur conservation à la tête de l'administration, que j'en appelle de tous mes vœux la nomination ; car, qu'ils y prennent garde, les ennemis de nos institutions, ou, ce qui est la même chose, les soutiens de l'ancienne administration considéreront toujours comme une administration transitoire, et qui laisse la porte ouverte à leurs projets, trop favorisés, peut-être, de se saisir du pouvoir, celle que nous avons aujourd'hui, tant que son organisation ne sera pas complétée par la nomination d'un président doué du génie, de la force de caractère, des hautes connaissances, du patriotisme qui distinguent le véritable homme d'état.

UN MOT

SUR LE DISCOURS DU TRONE,

POUR

L'OUVERTURE DE LA SESSION DE 1829.

POLITIQUE EXTÉRIEURE.

L'impression de cet écrit n'était pas encore terminée, lorsque le discours de la couronne, pour l'ouverture de la session de cette année, a paru.

Par ce discours les ministres donnent à la France l'assurance

1° Que « nos relations avec les puissances « continuent à être amicales. »

Il en sera ainsi, sans aucun doute, jusqu'au jour d'une rupture avec l'une d'elles, tant la diplomatie, ou, ce qui est la même chose, la ruse des cabinets, s'est perfectionnée.

2° Que « malgré les événemens qui ont « ensanglanté l'Orient, la paix ne sera pas « troublée dans le reste de l'Europe....»

Il y a dans cette partie du discours deux assertions :

L'une positive : c'est l'aveu explicite de la continuation de la guerre dans l'Orient.

L'autre bien hasardée : c'est la déclaration que cette guerre de l'Orient ne troublera pas la paix *dans le reste* de l'Europe ; en d'autres termes, qu'aucune des puissances ne s'opposera à ce que la Russie fasse la guerre, une guerre de convoitise, d'ambition, à la Porte ottomane.

Or, c'est ici que me semble être, ou une fausse prévision, ou une grande témérité.

Après tout ce que j'ai dit au 3e chapitre de cet écrit, je pourrais me dispenser de combattre autrement les espérances de paix que le ministère veut nous faire partager.

Mais ces espérances nous sont données d'une manière affirmative; elles sont présentées à une date postérieure à l'époque à laquelle j'ai écrit ; elles pourraient être partagées par les hommes pour qui un manifeste du gouvernement est un article de foi ; cette confiance pourrait avoir des résultats fâcheux : je dirai donc toute mon opinion sur notre politique extérieure, et sur notre situation, tant à l'égard des puissances belligérantes, qu'à l'égard de celles qui sont disposées à servir les intérêts de l'une ou de l'autre de ces puissances, ou décidées à se déclarer contre celle à laquelle on peut raisonnablement supposer des projets ambitieux.

Les ministres nous disent que *malgré les événemens qui ont ensanglanté l'Orient*, *la paix ne sera pas troublée dans le reste de l'Europe*....

Pour que cela fût, il faudrait que toutes les puissances vissent ces événemens avec indifférence ; qu'elles ne prissent parti ni pour la Russie, ni pour la Porte.

Or, je le demande :

Les souverains de Prusse, de Suède, des Pays-Bas, peuvent-ils séparer leurs intérêts de ceux de la Russie ? Non.

L'Angleterre, l'Autriche, peuvent-elles rester tranquilles spectatrices du démembrement de l'empire ottoman ? Non.

Si donc, d'une part, la Suède, la Prusse, les Pays-Bas, restent les alliées de la Russie, et secondent sa politique, et si la politique de la Russie lui commande de s'emparer de Bizance, du Bosphore et de la Mer-Noire;

Si, d'autre part, l'Autriche et l'Angleterre ne peuvent ou ne veulent pas permettre le démembrement de la Turquie;

Si tout cela a lieu, n'y aura-t-il pas forcément une guerre entre ces diverses puissances? La paix de l'Europe ne sera-t-elle pas forcément troublée en Europe par suite des événemens de l'Orient?

Dans cet état des choses, qui est inévitable, qui est flagrant, il reste à savoir ce que fera la France.

Naguère elle était Russe en Morée.

Peut-être qu'aujourd'hui est-elle Anglaise à Paris.

Demain que sera-t-elle ?...

Avec les hésitations, les incertitudes et les faiblesses de notre politique, il n'est pas facile de prononcer sur cette question.

Mais il l'est davantage de dire ce que la France devrait être ; et chacun pensera qu'elle doit être, qu'elle doit rester ce qu'elle est; que sa politique doit être française, et rien de plus.

Cela ne veut pas dire que, dans l'état de crise dont l'Europe est menacée, nous ne devons faire aucune alliance; mais cela veut dire qu'il nous appartient de régler les conditions de l'alliance que nous accepterons, ou de celle que nous forcerons telles autres puissances à accepter.

Sans doute il eût mieux valu se prononcer il y a un an, puisque l'épée de notre pays, placée alors dans la balance de l'Europe, eût retenu dans leurs fourreaux celles des autres états qui ont tant versé de sang dans l'Orient.

Mais enfin, n'avoir pas fait ce qu'il eût fallu faire, ce n'est pas une raison de persévérer dans une fausse et dangereuse résolution.

La France doit donc prendre un parti; et c'est là encore une raison qui fait que la paix doit, avant six mois, être troublée en

Europe, autrement que par les événemens qui se préparent en Orient.

Quel parti prendra-t-elle? Voilà toute la question.

Au milieu des embarras que notre diplomatie, incertaine et pusillanime, nous a suscités, la résolution que prendra la France, quelle qu'elle soit, ne pourra pas décider, sans effusion de sang, comme elle l'eût fait, il y a un an, la question de la paix ou de la guerre entre la Russie et la Porte; car celle-là a, tout-à-la-fois, les outrages de celle-ci et sa propre gloire à venger: Il y aura donc guerre entre elles.

Mais la France peut,

Ou rester dans l'alliance de la Russie, avec la Prusse, la Suède et les Pays-Bas, à la condition que j'ai indiquée (1), savoir: que toutes ses anciennes frontières sur le Rhin et du côté du Piémont, lui seront rendues. Dans ce cas, il faut s'attendre à voir toutes les intrigues de l'Angleterre et de l'Autriche déchaînées contre la maison de Bourbon.....

---

(1) Pages 82 et 83.

Mais cette maison sera bien forte contre ces intrigues, si elle veut se fortifier de l'amour, du dévouement de la nation, en lui faisant, enfin, toutes les concessions que la Charte autorise à exiger de son gouvernement, et que le président de l'ancien conseil, traitant avec moi, lui avait accordées *au nom du roi.*

Ou former, contre ces puissances du nord, une alliance avec l'Autriche, l'Angleterre, la Bavière, etc., à l'effet seulement de forcer la Russie à accepter leur médiation pour arranger ses différens avec la Porte.

Mais cette alliance, pour être forte contre un ennemi aussi puissant, a besoin du concours des peuples.

Or, pour obtenir ce concours, il faut:

1° Exiger que l'Angleterre modifie son ministère, et place à la tête de celui-ci un homme qui ne soit pas, comme le duc de Wellington, l'ennemi déclaré de la liberté politique des peuples;

2° Que l'Autriche rende la paix à l'Italie, ou, du moins qu'elle lui donne des institutions constitutionnelles, qui, tôt ou tard, seront arrachées par la violence, ainsi qu'il en sera dans un avenir plus éloigné, dans son propre pays, et de la part de ses propres peuples, si elle n'a le bon esprit et la prudence d'aller au-devant de leurs impatiens désirs. Un article secret du traité d'alliance, entre la France et ces puissances, devrait donc stipuler ces institutions en faveur des états soumis à la domination de l'Autriche... Mais, pour cela, il faudrait que l'on donnât un successeur au Wellington allemand, et c'est à cela que l'influence de la France doit être employée.

Si tous ces préalables sont remplis; si le peuple anglais voit un autre *Canning* appelé à la tête de ses affaires;

Si les peuples de l'Italie et de l'Allemagne obtiennent la liberté politique dont la Charte de Louis XVIII nous a mis en possession;

Si notre propre gouvernement réalise tout ce qui fut stipulé en décembre 1827, entre M. le comte de Villèle et moi;

Alors le succès d'une guerre entreprise pour la défense de l'humanité, à l'effet d'imposer :

A la Porte, la liberté entière de la Grèce, et celle du commerce du Bosphore et de la Mer-Noire pour toutes les nations ;

A la Russie, la médiation de l'alliance, pour obtenir, sans nouvelle effusion de sang, la réparation de tous ses griefs contre la Porte, une juste indemnité pour les dommages qu'elle en a éprouvés ;

Alors, dis-je, le succès d'une pareille guerre ne serait plus douteux. Les rois sont toujours assurés de la victoire, lorsque les peuples croient que leurs destinées politiques, la jouissance de leurs droits, leur propre gloire, sont parties dans la querelle, et que la victoire peut seule leur assurer la conservation des uns et des autres.

Mais, quel que soit le parti auquel nos ministres s'arrêtent, il y a urgence de se préparer pour une guerre européenne que je considère, contre l'opinion émise dans le discours de la couronne, comme absolument inévitable. Ils ne doivent pas, au milieu des illusions dont ils paraissent se bercer, oublier que *la gloire de la France est un dépôt sacré* que le prince leur a confié, et qu'ils doivent se garder de compromettre, soit en ne proposant pas tous les moyens de le défendre contre ceux qui oseraient l'attaquer; soit en ne faisant pas ce que cette gloire, l'honneur et la paix de l'Europe exigent d'une nation comme la nôtre.

ARTICLES

DE DIVERS JOURNAUX

SUR MES RÉVÉLATIONS.

RÉPONSES

QUE CES JOURNAUX ONT REFUSÉ DE PUBLIER.

Plusieurs journaux, qui ont rendu compte de ma Négociation de décembre 1827 auprès de M. le comte de Villèle, à l'effet de former une administration composée d'hommes pris dans les rangs de l'opposition constitutionnelle dans les deux chambres; ces journaux ayant refusé de rendre publiques les réponses que je leur ai adressées pour relever les graves erreurs dans lesquelles ils sont tombés, les fausses explications qu'ils ont données de mes Négociations à leurs lecteurs; je crois devoir donner ici les articles qu'ils ont publiés, et mes réponses : ce sont de nouvelles pièces jointes au grand procès que j'ai évoqué au tribunal de l'opinion publique, et que mes lecteurs me sauront peut-être gré d'avoir soumises à leur jugement.

GLOBE.

Samedi, 10 janvier 1829.

Cet écrit ne peut manquer d'exciter un vif intérêt; c'est le récit de quelques négociations dont le bruit avait transpiré dans les derniers jours de la puissance de M. de Villèle. Des hommes politiques du premier rang y jouent un rôle ; nous ne pouvons dire encore lequel, et nous ne saurions guère le dire, même après avoir lu avec réflexion ; car quel est le révélateur lui-même? Dans quel but fait-il ses révélations? Est-ce pour accabler M. de Villèle dans sa défaite, et le rendre odieux à un parti dont il faisait si bon marché? Est-ce pour mettre en scène quelques députés influens de la majorité, et inquiéter l'opinion? Est-ce pour se donner de l'importance à lui-même? Est-ce aussi pour nous révéler un de ces coups d'adresse ou de hasard par lesquels certains faiseurs de projets interviennent tout-à-coup dans les affaires, et sont employés comme expédiens de dernière ressource par un homme ou par un parti qui succombe? Quoi qu'il en soit, ces révélations sont curieuses, et n'entament l'honneur de personne. C'est une surprise de quelques heures et sur M. de Villèle, et sur l'honorable M. Lafitte, et par laquelle ne se sont laissés prévenir ni M. Royer-Collard, ni M. Casimir Périer, voilà tout. Encore, faut-il ajouter que c'est M. Lafitte qui, allant nettement au fait, a renversé le château de cartes de M. Flandin. Après sa déconvenue, le négociateur se tourne simplement vers monseigneur le dauphin et vers le roi, qui, ne l'écoutent pas plus que MM. Royer-Collard et Périer. On comprend que M. Flandin en veut beaucoup à ces messieurs, qui lui ont ravi l'honneur de sauver la France et M. de Villèle; et son ouvrage est piquant encore de ce côté, à cause de la naïveté des regrets. M. Royer-Collard, surtout, est semoncé comme un *philosophe indocile*. Il est vrai qu'il ne voulait pas même aborder la question, et qu'il l'a répété au pauvre négociateur avec cette fermeté précise qu'on lui connaît. Nous ne savons pas si nous reviendrons sur cette petite scène, mais elle intéresse comme une conversation politique de l'hiver, avec un mérite de plus, celui de nous montrer M. de Villèle aux abois, tel que nous le connaissions, fort peu soucieux de fidélité à une opinion et à ses amis. M. Flandin s'est associé, par sa subtilité, au souvenir de ce ministre; voilà, je crois, tout ce qu'il y a de profit et de gloire pour lui dans cette affaire, plus la brochure que nous engageons nos lecteurs à se procurer.

RÉPONSE

A M. le Rédacteur du GLOBE.

Paris, le 10 janvier 1829.

Monsieur,

Je lis dans votre numéro de ce jour un article par lequel vous rendez compte de l'ouvrage qui porte à la connaissance de la France le détail de la négociation que j'ai entamée et suivie, en décembre 1827, auprès de M. le comte de Villèle, dans le but de faire succéder un ministère constitutionnel, et un système politique qui fût en harmonie avec la forme de notre gouvernement, au ministère et au système déplorables qui pesaient sur notre pays depuis cinq années.

J'ai peu de penchant, monsieur, pour la polémique; et, dans une matière aussi grave que celle que j'ai traitée, il me semble peu convenable d'en établir une de la nature de celle à laquelle vous me provoquez. Il m'est surtout pénible d'avoir à m'y livrer pour combattre un journal dont j'estime, d'ailleurs, les opinions en matière de gouvernement, et que je croyais incapable de manquer aux convenances et aux lois de l'équité, pour satisfaire à des passions, qui cessent d'être respectables quand elles n'ont pas pour objet le seul intérêt du pays.

Mais le ton de votre article ne me permet pas de garder le silence que je m'étais promis, en publiant l'écrit qui fait l'objet de votre critique, d'observer à l'égard de tous ceux qui ne signeraient pas les articles auxquels ma publication donnerait lieu.

Je vous réponds donc.

Vous dites que vous avez lu avec réflexion mon ouvrage... Personne ne le croira, monsieur, après les aperçus plus qu'inexacts que vous en donnez à vos lecteurs.

Ensuite vous demandez qui je suis......

Mon nom, mes qualités, que je rapporte toujours en tête de mes écrits, et que vous avez pu lire sur le frontispice de l'ouvrage dont vous rendez compte, ont dû vous l'apprendre. Ajoutez-y, monsieur, vingt-cinq ans de fonctions publiques honorablement remplies, le témoignage des hommes les plus éminens dans l'administration de la guerre, celui de plusieurs ministres, et mon individu vous sera entièrement connu..... J'attendrai que vous m'ayez donné sur vous-même des renseignemens analogues, pour savoir à qui je réponds, à qui je m'adresse en écrivant ces lignes.

Vous demandez aussi dans quel but j'ai fait mes révélations.....

Je serai franc dans ma réponse. J'ai voulu, monsieur, mettre un terme à des accusations sans cesse renaissantes, qui tendent à montrer M. de Villèle comme étant toujours le suppôt du parti-prêtre et de la vieille aristocratie, le protecteur de la faction jésuitique. Or, lisez avec attention la quatrième question que j'ai faite à cet ex-président du conseil, lors de ma conférence du 17 décembre, et sa réponse; pesez bien, à la balance d'une raison impartiale, les termes dans lesquels il repousse l'accusation d'avoir favorisé les jésuites, ainsi que ceux qui expliquent les mesures qu'il était résolu de prendre contre cette milice ultramontaine, et dites si ces accusations sont fondées, s'il y a vérité et bonne foi à les répéter.

J'ai voulu que la France pût apprécier la prudence ou le patriotisme, bien peu romain, bien peu français, de ceux qui ont cru devoir sacrifier ses intérêts à de vaines considérations, qui ont fait d'une question d'état, une question de personnes.

J'ai voulu que le beau caractère de M. Laffitte, son sens parfait, sa haute raison, son amour pour son pays, qui le porte toujours à faire abnégation entière de ses passions, de ses intérêts, lorsqu'il s'agit de le servir,

parussent dans tout leur éclat, et fussent, dans le grand tableau que j'offre à la curiosité des hommes qui s'occupent de nos affaires publiques, comme une ombre qui fît ressortir davantage les qualités opposées de ceux qui, dans la scène grave, sérieuse, importante que je développe, ont joué un rôle si différent de celui qu'a bien voulu accepter M. Laffitte.

J'ai voulu rendre un grand service à la France, en lui montrant que le roi accorderait tout à ses vœux, à ses besoins constitutionnels, lorsqu'ils lui seraient exprimés, présentés par un ministère qui eût toute sa confiance.

Enfin, j'ai voulu, monsieur, mettre en opposition ce que M. de Villèle avait obtenu du roi l'autorisation de faire, pour complaire à l'opinion constitutionnelle qui s'était manifestée aux élections de 1827, avec ce que le ministère actuel a fait depuis le 4 janvier 1828, et prouver à celui-ci qu'il ne peut pas justifier, par une haute opposition, son peu de disposition ou d'empressement à donner au pays les satisfactions qu'il demande, qu'il exige, puisque ce fut toujours au nom du roi que M. le comte de Villèle m'accorda les concessions que je vins offrir à l'honorable M. Laffitte, comme la base du traité pour la formation d'une administration constitutionnelle.

Vous poursuivez, monsieur, vos questions, et vous me demandez si c'est *pour accabler M. de Villèle et le rendre odieux à son parti que j'ai publié ces révélations*...... M. de Villèle sera, sans doute, sensible à cette marque d'intérêt que vous lui donnez, et à laquelle je répondrai en vous disant : qu'il y aurait de la lâcheté dans l'intention renfermée dans les termes de votre question, et que celui qui attache son nom à tout ce qu'il écrit ne peut être mu que par des sentimens honorables. J'ajouterai que, loin d'avoir eu l'intention d'accabler M. de Villèle, je le relève dans l'opinion publique, en le montrant, tel qu'il fut à l'époque de ma négociation, si disposé à réparer les fautes du ministère qu'il avait présidé ; à faire succéder le bien, un grand bien au mal qu'il avait fait. Quant à ce que vous nommez *son parti*, si M. le comte de Villèle put être porté au pouvoir par ce parti, s'il lui sacrifia longtemps les véritables intérêts du pays, l'expérience qu'il avait faite des coupables exigences de ce parti, en l'éclairant sur le danger de sa position, sur celui dans lequel ces exigences entraînaient et le trône et la France constitutionnelle, lui avait donné la force de rompre les liens qui l'attachaient à lui..... Voilà, monsieur, l'explication des dispositions dans lesquelles je l'ai trouvé, lorsqu'une inspiration dont je m'applaudirai toujours, me donna la pensée et le courage de lui imposer les conditions si belles, si satisfaisantes du traité ministériel qui fait partie de ma publication.

Vous demandez encore *si je veux, par mes* RÉVÉLATIONS, *mettre en scène quelques députés influens de la majorité et inquiéter l'opinion.*

D'abord, j'ignore ce que vous entendez par la majorité de la chambre élective. Elle n'est ni à droite, ni à gauche, ni au centre; elle ne se forme, pour l'un ou pour l'autre des deux côtés extrêmes, qu'autant que tout, ou une forte partie du milieu qui la sépare, se joint à l'un ou à l'autre. Or, vous avez, sans doute, remarqué que ce fut toujours aux dépens des principes, et en fléchissant sur les exigences constitutionnelles, que la fusion de la gauche avec le centre a pu se faire. La dernière session l'a prouvé ; celle qui va s'ouvrir en fournira peut-être, malheureusement, un nouvel exemple.

Il suit de là, monsieur, que les députés *que je mets en scène* n'appartiennent pas à une majorité, qui n'existe pas encore dans leurs rangs; mais ils font partie d'une minorité imposante par son nombre, et par le beau talent de ses orateurs, laquelle serait depuis long-temps devenue majorité, si l'on eût accepté le traité que j'avais préparé en décembre 1827, et le deviendra aussitôt que le ministère voudra marcher franchement dans les voies constitutionnelles.

Ces explications suffisent, je pense, monsieur, pour rassurer l'opinion que, selon votre généreuse supposition, j'aurais eu l'intention *d'inquiéter*.

Quant à cette autre supposition, que *j'ai*,

peut-être, voulu me donner de l'importance en publiant ces révélations, souffrez que j'accepte pour juges, entre nous, le bon sens des hommes impartiaux qui m'auront lu avec plus de réflexion que vous paraissez n'en avoir apporté à la lecture de mon écrit.

Il en sera de même de votre sixième question; elle ne mérite pas que je m'y arrête.

Mais il est un autre point de votre article que je ne peux pas laisser sans réponse. C'est celui où vous dites que M. Laffitte, *allant droit au but*, *a renversé* ce que vous nommez *mon château de cartes*..... Cette déclaration tranchante est une nouvelle preuve, ou que vous m'avez lu sans réflexion, ou que vous n'êtes pas de bonne foi en rendant compte de mes *Révélations*. Non, M. Laffitte n'a, intentionnellement, rien fait qui fût contraire à la négociation que j'avais entamée; il a applaudi à mon zèle; il a jugé que je faisais l'œuvre d'un bon citoyen, que je rendais un immense service au pays; il a bien voulu me le dire; il l'a dit à M. de Villèle. Loin de blâmer mes démarches, il leur a prêté l'appui de son intervention ; il a jugé, contrairement à des hommes qui, dans cette circonstance qui devait être une épreuve pour bien des gens, n'ont pas justifié la haute opinion que l'on avait de leur raison, de leur désintéressement et de leur patriotisme; il a jugé, dis-je, que la présence dans le conseil de M. le comte de Villèle, qui avait, à un si haut degré, la confiance du roi, était une chose nécessaire, indispensable; qu'avec lui, un ministère purement constitutionnel aurait toute liberté de faire ce que le pays réclame; que sans lui, ou sans un autre lui-même, les défiances de la cour, des défiances injustes, déraisonnables, s'opposeraient toujours à ce que nos institutions reçussent tout leur développement, et nos libertés publiques toutes les garanties dont elles ont besoin.....

Voilà, monsieur, comment M. Laffitte pensa, agit dans la circonstance dont j'ai rendu compte. Il n'a donc eu l'intention de rien *renverser*. Il a, au contraire, voulu contribuer à élever l'édifice dont j'avais préparé les matériaux; mais il n'a rencontré, dans ceux qui devaient prendre part à cette grande œuvre, qu'obstination à refuser le bienfait, en haine de celui de qui on l'aurait tenu.

A l'égard de MM. Périer et Royer-Collard, mais bien plus particulièrement à l'égard de celui-ci, quand on m'aura lu avec réflexion et avec la seule passion du bien public, on jugera de leur refus; on se demandera s'ils se sont montrés prudens, et animés d'un véritable dévouement pour nos institutions et pour nos droits constitutionnels, en se refusant à un arrangement qui pouvait consolider les unes, et nous assurer à jamais la jouissance des autres; par cela seul qu'un homme, M. le comte de Villèle, était partie dans cet arrangement.

Vous prouvez que vous m'avez mal lu, ou c'est volontairement que vous travestissez les faits, lorsque vous dites que *ma négociation fut une méprise de quelques heures sur M. de Villèle et sur M. Laffitte*, puisqu'elle a duré vingt-cinq jours, du 1er au 25 décembre, ainsi que le prouvent évidemment, et les nombreuses conférences que j'ai eues avec ces deux personnages, et ma correspondance avec M. le dauphin, laquelle a commencé le 6 décembre, et ne s'est arrêtée que le 26, jour auquel j'annonçai au prince, à M. de Villèle et à M. Laffitte, que tout espoir d'un arrangement était perdu, et qu'il fallait se hâter de former un ministère qui fût inoffensif pour toutes les parties.

Vous prouvez encore que vous m'avez lu sans réflexion, monsieur, ou bien vous trahissez à plaisir la vérité, lorsque vous dites à vos lecteurs, qu'après ce que vous nommez *ma déconvenue*, je me suis tourné vers M. le dauphin et vers le roi. Reprenez mon écrit, et vous verrez que c'est le 6 décembre que j'ai informé le prince de la négociation que j'avais pris sur moi d'entamer avec M. le comte de Villèle; que si j'ai continué à avoir à ce sujet des rapports avec S. A. R., c'est par suite de son invitation de la tenir exactement informée de tout ce que je ferais; chose assez importante, puisque, par cette invitation, à laquelle je me conformai exactement, le prince s'est, en quelque sorte, associé à mes démarches, et leur a prêté l'appui de son adhésion.

Je ne répondrai pas, monsieur, aux autres parties de votre article, parce qu'elles contiennent des personnalités auxquelles je ne dois pas m'arrêter, tant qu'elles ne seront pas avouées par la signature de celui qui croit convenable et du bon ton de se les permettre. Des diatribes, des pointes, des jeux de mots, seront jugés, par vos lecteurs, indignes d'un sujet aussi grave. Leur opinion me vengera suffisamment, du moins je l'espère, des sarcasmes par lesquels vous avez cru devoir les égayer. Ils diront peut-être que j'ai eu une pensée noble, généreuse, et que c'est d'autres que moi qui ont encouru le blâme de l'opinion publique, la grave censure des journaux qui sont les organes de cette opinion, la critique mordante des feuilles éphémères; ils diront encore qu'il est temps de faire du patriotisme avec des actions, avec des faits, et non plus seulement avec des mots, des lettres ou des discours qui ne réalisent pour le pays aucune des garanties qu'il réclame, et qui, après avoir agité un instant les esprits, sont trop souvent démentis par des concessions contraires au mandat électoral.

Je suis, monsieur, avec considération,

Votre très-humble et très-obéissant serviteur,

FLANDIN.

GAZETTE DE FRANCE.

Samedi 11 janvier 1829.

Le *Constitutionnel* nous dit aujourd'hui que M. de Villèle, après les élections de 1827, a voulu faire entrer dans le conseil MM. Laffitte, Casimir Périer, Sébastiani, Royer-Collard, et qu'un M. Flandin aurait été l'intermédiaire d'une pareille négociation. Il est vrai que M. Flandin avoue lui-même qu'il est l'auteur de cette idée de coalition, et qu'il n'a été autorisé par personne à faire cette proposition. Mais le *Constitutionnel* n'en publie pas moins toutes ces extravagances et ces calomnies, n'étant point fâché, à ce que nous croyons, au moment où le cabinet actuel chancelle, de reproduire ses candidats et ses amis. Au reste la calomnie ne s'arrête pas à M. de Villèle, elle va bien plus haut.

RÉPONSE

À M. le rédacteur de la GAZETTE DE FRANCE.

Paris, le 13 janvier 1829.

Monsieur,

J'avais d'abord cru devoir laisser sans réponse un article que vous avez inséré dans votre numéro du 11 de ce mois, concernant un écrit que je viens de publier pour faire connaître aux hommes de tous les partis, de toutes les opinions, à la France, enfin, les détails d'une négociation que j'entrepris, en décembre 1827, auprès de M. le comte de Villèle, alors président du conseil, dans le but de mettre le personnel de l'administration en harmonie avec les élémens parlementaires que les élections de cette époque amenaient à la chambre élective, et de donner à la marche du gouvernement une direction conforme à nos institutions.

Mais les expressions d'*extravagance*, de *calomnie*, que vous avez cru devoir employer à propos de ces détails, ne me permettent pas de garder le silence. Si je ne répondais pas à votre article, vos lecteurs, j'entends ceux qui n'auraient pas lu mon écrit, pourraient croire que rien de ce que j'y dis n'est vrai; que le traité ministériel dont j'annonce avoir arrêté les bases avec M. le comte de Villèle, n'est qu'une fable inventée par une imagination en délire; que jamais cet homme d'état n'a accueilli mes propositions, ni consenti à se placer au milieu des intérêts et des hommes constitutionnels; enfin que (pour parler votre langage), je le *calomnie*, en disant, dans mes *Révélations*, qu'il s'était converti aux doctrines de la Charte, et que mon récit n'est qu'un composé d'*extravagances.*

Or, il m'importe de repousser l'accusation de calomnie que vous dirigez contre moi, et c'est pour cela que je réponds à votre article.

Je conçois, monsieur, d'après toutes les preuves de dévouement et d'obéissance que M. le comte de Villèle avait données à un certain parti, à de certains hommes, que vous, ce parti et les hommes auxquels je fais allusion, ne puissiez croire qu'il ait pu se détacher si spontanément de ceux qui avaient placé en lui toutes leurs espérances. Je conçois que vous, ces hommes et ce parti vous rejetiez loin de vous l'idée que, du camp des ennemis de l'égalité politique, des autres droits que la Charte a proclamés, et des institutions qu'elle nous a données; que de ce camp où il a combattu, pendant cinq ans, contre nos libertés, M. de Villèle se soit brusquement décidé à passer dans celui des hommes qui, depuis 1814, ne cessent de militer pour la défense de ces droits, et pour le maintien de nos institutions; je conçois tout cela : il est si cruel de se voir abandonné de ses amis, que l'on ne peut croire à leur abandon, même alors que tout en démontre la réalité. Bien d'autres que vous, bien d'autres que les membres du parti dont vous êtes l'organe, éprouveront une surprise égale à celle que vous causent mes *Révélations*.

Cependant, monsieur, rien n'est plus vrai, rien n'est plus réel que cette défection politique de M. le comte de Villèle, à l'époque dont je raconte l'histoire. Faut-il donc vous en étonner? Simple député, il fût sans doute demeuré fidèle aux doctrines qu'il professa, aux hommes avec lesquels il vota, parce que le mandat électoral ne place pas les événemens politiques, la sûreté du trône, la paix publique sous la responsabilité directe de celui qui l'a reçu. Mais lorsqu'une épreuve de cinq années, faite comme premier ministre, lui eut appris les exigences du parti qui l'avait porté au pouvoir, et à quelles conditions il entendait l'y maintenir; lorsque cette épreuve lui eut montré le but auquel ce même parti voulait atteindre; lorsque le cri de la France électorale lui eut signalé le danger qu'il y avait pour le trône à se laisser dominer par ce parti, entraîner à ses insinuations perfides; lorsque tout cela avait lieu, M. le comte de Villèle eût été criminel au dernier chef, s'il n'eût pas brisé les liens qui le tenaient enchaîné au char de la contre-révolution; s'il n'eût pas averti le monarque qu'il était temps enfin de se placer au milieu des intérêts que la Charte a créés, et de mettre les hommes et les choses, l'administration et le gouvernement, en harmonie avec ces intérêts.

Ah! monsieur, au lieu de nier, contre l'évidence, que M. le comte de Villèle ait pris une pareille résolution, voyez-y plutôt un effet nécessaire de la puissance des choses, un résultat inévitable de l'attachement des masses aux institutions que nous tenons du fondateur de la monarchie constitutionnelle en France!

La conversion de M. de Villèle aux doctrines de la Charte doit parler bien haut à l'esprit des hommes dont il partagea les opinions. Il n'a pu s'y résoudre qu'après avoir reconnu qu'il y avait péril, et péril imminent pour la monarchie, dont la sûreté lui était confiée, à placer entr'elle et l'immense majorité qui veut la Charte, avec toutes ses conséquences, cette imperceptible, mais turbulente minorité, qui voudrait nous ramener au temps où le bon-plaisir des rois était notre seul code politique; où, à l'aide des édits, des lettres de cachet, les favorites, les mignons, disposaient de la fortune, de la liberté, et souvent de la vie d'un grand peuple.

Rêver le retour d'un pareil ordre de choses, monsieur, est une véritable *extravagance*. Espérer qu'à l'aide d'une opposition systématique à tous les actes du gouvernement selon la Charte, on réussira à rétablir en France le pouvoir absolu, ou quelque chose de semblable, c'est, monsieur, *calomnier* le prince qui a juré l'exécution de ce code qui régit les droits de tous ; c'est insulter à la dignité royale, qui disparaîtrait devant le parjure; c'est agiter inutilement le pays et faire l'œuvre d'un mauvais citoyen ; c'est inquiéter une vieille dynastie qui, longtemps tourmentée par le malheur, a besoin de se reposer dans l'amour et dans la confiance de la nation qui a accueilli son retour ; c'est désirer, préparer des jours de deuil et de sang pour la patrie ; c'est, enfin, se révolter aujourd'hui contre un pouvoir auquel il faudra se soumettre demain : car que peut la résistance de quelques-uns, quelque opiniâtre qu'elle soit, contre la volonté des masses, surtout lorsque cette volonté est l'expression de la loi politique de tous ?

Je suis, avec une parfaite considération,

Monsieur,

Votre très humble et très
obéissant serviteur,

FLANDIN.

FIGARO.

Samedi 13 janvier 1829.

Ça! messieurs les chevaux, payez-moi de ma peine!
LAFONTAINE, liv. VII, fable IX.

C'est un citoyen terriblement zélé pour le bien de l'état, que M. J. B. Flandin; et, foi de Figaro! je ne connais pas de récapitulation plus étourdissante que celle des plumes qu'il a usées, du papier qu'il a noirci, des courses qu'il a faites, et des déboires qu'il a reçus, le tout par esprit national. Cela est déduit de sa propre main en 366 pages in-8° que j'ai lues, que j'ai dévorées hier soir, et dont je m'empresse de faire savoir ce matin le résumé succinct à mes abonnés: et, dans cet empressement, je les prie de considérer les effets de la sympathie; car M. Flandin est un Figaro politique, comme je suis un Figaro littéraire.

Or, dans l'affaire si adroitement désignée sur le titre de son ouvrage, il s'agissait d'une alliance bien autrement délicate à faire réussir que celle de la belle Rosine et du comte Almaviva, dont je me chargeai à Séville. A la vérité, j'en vins à mon honneur, et M. Flandin échoua; mais il y avait du génie à tenter la chose: car elle était plus difficile à mener à fin que le mariage d'Arlequin, à moitié fait déjà, puisqu'il n'y manquait plus que le consentement de la mariée. Pour tout dire, il s'agissait d'une union cordiale entre deux parties, qui, loin d'y consentir, n'y songeaient seulement pas. M. Flandin aurait marié ensemble les idées libérales et la congrégation, si elles n'avaient pas demandé mieux.

Un jour, c'était le premier décembre 1827, M. Flandin songeait:

> Car, que faire en un gîte, à moins que l'on ne songe ?

Il songeait donc à l'habileté de M. de Villèle, qui, suivant lui, savait fort pertinemment pourquoi il avait dissous la chambre élective; puis, oubliant cette habileté, qu'il démontre assez spirituellement, M. Flandin s'écria naïvement et tout-à-coup : « Villèle doit être bien embarrassé! »

Ces réflexions contradictoires lui firent naître l'idée d'aller, de son seul et propre mouvement, de sa pure impulsion, tendre d'une main secourable un brin d'herbe au ministre qui se noyait.

Et voici comme il raisonnait son projet :

1° M. Villèle est villéliste; c'est-à-dire, il préfère sa place à son opinion;

2° Il est capable de se faire jésuite, *in articulo mortis ;* c'est-à-dire, pour n'être pas destitué;

3° Qui ne risque rien n'a rien; c'est-à-dire, les libéraux ont tort de se taire et d'attendre, quand il ne s'agit peut-être que de vouloir parler pour trouver quelqu'un disposé à les entendre.

Ces principes posés, il en tira la conséquence que M. de Villèle devait avoir, en qualité d'homme de tact, une répugnance décidée pour la congrégation; mais qu'il se jetterait corps et ame dans les bras du premier parti qui se jetterait à sa tête.

Électrisé par cette idée lumineuse, M. Flandin écrivit quatorze pages de suite, préconisa les nôtres, déblatéra contre les autres, flatta M. de Villèle, et ne s'oublia pas. Bref, il donna à comprendre que tout ce qu'il disait ne valait pas ce qu'il pouvait avoir à dire: ce qui intrigua si fort le président du conseil, que celui-ci ne fit aucune réponse. Trois jours s'écoulèrent.

Pour passer le temps et faire marcher l'affaire, M. Flandin copia son premier mémoire et l'envoya à Mgr le dauphin avec une lettre de quatre pages, qu'il recopia de nouveau pour l'envoyer à M. de Villèle. Il fit ensuite un second mémoire de dix-neuf pages qu'il envoya à la même adresse. Puis, de peur de perdre encore trois jours, il se rendit le lendemain dans les salons du ministre qui n'avait rien lu, et qui le renvoya au lendemain.

Ce jour fixé pour le salut de la France sortit enfin du sein de l'éternité!

Ici, moi, Figaro, je dirai au diplomate Flandin qu'un mandataire ne tire sa force persuasive que de l'émission de ses pouvoirs, que l'autorité de son langage se réduit à la plus simple expression, à de la causerie très innocente, s'il ne revêt pas son caractère personnel de l'influence spéciale de ceux qu'il représente, et qu'un homme habile, pressé de connaître les noms propres qui donnent de l'importance à une procuration, passe aisément sur le protocole d'usage pour aller tout de suite à la vérification des signatures. Je pense donc qu'il y a beaucoup de bonhomie dans M. Flandin, puisqu'il a cru à la bonhomie de M. de Villèle avant d'avoir satisfait à cette condition préalable de toute négociation; d'ailleurs élargissons la sphère, creusons la disposition des esprits à cette époque. M. Flandin se croit-il le seul qui se soit bercé de pareils rêves, et qui ait essayé une semblable tentative? Quand les empressés ont-ils failli dans les occasions critiques? Qui est-ce qui ne se croit pas nécessaire alors qu'il est tout au plus importun? Qui est-ce qui ne se pense pas digne d'être écouté, alors qu'on ne pense qu'à l'éconduire poliment? Je sais que la bonne diplomatie est dans l'assurance, et qu'au fond les affaires d'un royaume se conduisent exactement comme celles du moindre ménage, que la différence n'est que dans l'affectation qu'on y met, que les petitesses politiques sont d'aussi mince aloi que les petitesses de famille; mais, chez nous autres chétifs, nous n'avons tout au plus que la demi-douzaine de conseillers, tandis que, dans les palais ministériels, il en pleut par milliers; chez nous, le pacificateur s'assied à table, et mange la fortune du pot; là-bas, ils en font autant, mais où l'ordinaire est le meilleur la foule abonde.

D'ailleurs, quelle cohue! Ceux-ci se disent députés par les uns, ceux-là par les autres; les mémoires de toute dimension arrivent par tombereaux, par charretées, par montagnes : les ministères en sont obstrués. Tout le monde veut sauver le royaume pour en emporter un morceau. C'est à qui démembrera l'empire pour guérir l'état.

On voit donc la position de M. Flandin : son pied-à-terre politique n'était que dans son soulier. Ce fut probablement la première chose que vérifia son habile adversaire; et, en vérité, ce n'était pas ce qu'il y avait de plus difficile à pénétrer : la prévention suffisait.

Aussi, je crois de toute ma force et les largesses de M. de Villèle dans ses concessions, et son inclination subite pour la Charte, et les railleries mordantes, les jugemens sévères qu'il porta sur Peyronnet, Corbière et consorts : je crois à son repentir, à son *meâ culpâ;* je suis même étonné qu'il n'ait pas versé des larmes, tant l'auteur le représente doux, confus, mâté, attendri ; mais je crois que cette conversion, due aux sermons constitutionnels du pathétique M. Flandin, cachait une impatience bien naturelle d'arriver au but ; et que le ministre a subi le prêche pour connaître d'où l'inspiré tenait sa mission ; ce que l'inspiré s'est bien donné de garde de trahir, et pour cause.

Bref, M. Flandin, chargé du bonheur de la France, et tout fier de son fardeau, s'encouragea dans un beau monologue, et fut le lendemain chez M. Laffitte, lui faire part du tout. Le banquier promit d'en parler à ses amis ; et M. Flandin, à ce suscité par le secrétaire de S. A. R. Mgr le dauphin, fit pour ce prince, en rentrant à son logis, un mémoire détaillé de toutes ses conférences.

Le lendemain, M. Laffitte parut sombre à M. Flandin, et lui demanda une copie signée du même mémoire. Ce dernier ne se fit pas tirer l'oreille, et fit bonne mesure en y ajoutant une lettre de douze pages.

Le lendemain, M. Laffitte déclara qu'il irait le jour suivant chez le ministre, et le lendemain il apprit au mandataire sans mandat, au négociateur sans pouvoir, qu'il avait éclairé M. de Villèle sur l'isolement du tiers, de l'intrus (de Flandin), qui s'était promis un résultat magnifique de la fiction dont ce ministre devait être la dupe. Ce fut un coup de foudre pour M. Flandin; il se vit retomber dans sa nullité, c'est-à-dire, sur ses jambes. Car il n'avait pas du tout prévu que M. Laffitte ne voudrait autoriser ni un mensonge, ni une supercherie; c'était le seul lest de son ballon diplomatique. Quand la nacelle fut vide, le négociateur et son ballon s'envolèrent dans le vide avec une roideur désolante.

O combien alors M. Flandin pesta contre la franchise de M. Laffitte! qu'il le trouva peu homme d'état! et qu'il fut confus pour lui de le voir tellement sincère!

Dans les affaires graves, les mensonges sont des zéros, et grossissent l'importance du menteur, qui représente l'unité : plus on en fait, plus le chiffre augmente. M. Flandin aurait donné des millions pour fermer la bouche à M. Laffitte.

Le lendemain, cependant, le ballon se rabattit dans la rue d'Artois, et il fut question de pousser l'homme de la rue de Rivoli en avant, de lui faire desserrer les lèvres le premier ; sur quoi M. Flandin alla lui écrire trois pages, parce qu'il ne put être introduit. Cette lettre sentait l'homme d'état ; et le sincère et incorrigible M. Laffitte, qui en eut copie, eut encore la brutalité d'en être mécontent. Ce qui lui valut cinq pages de M. Flandin, écrites de bonne encre, et *ab irato*.

Cependant le ministre ne répondait pas, et ne donnait pas d'audience. La France était sur les épines, et M. Flandin sur les charbons ardens ; la main lui démangeait. Vite une épî tre! Et dès le lendemain matin il court chez le ministre, qui le congédie en dix minutes : que dis-je! en dix minutes! en deux; et lui dit sèchement : « Nous sommes parfaitement d'accord, M. Laffitte et moi. »

Il n'y avait pas d'obscurité dans cette réception cavalière. M. Flandin prit la balle au bond; c'est-à-dire, il prit la porte, et se vit tout démonétisé, réduit à son zèle, et complétement coulé bas.

Alors il écrivit à S. A. R. Mgr le dauphin, au roi, et fut chez M. Laffitte, qui le paya de raisons en l'air; puis chez M. Casimir Périer, qu'il trouva intraitable; puis enfin chez M. Royer-Collard, qui l'accueillit très-bien, ne voulut pas l'écouter, et se montra au total le moins maniable de tous.

En quoi tous ces messieurs eurent grand tort, au dire de M. Flandin.

On pourrait lui objecter qu'il y avait un déshonneur politique à encourir, en s'associant à M. de Villèle; que trois individus ne peuvent transiger pour une nation; que c'eût été une effronterie déloyale; de la part des mandataires qu'elle délègue pour défendre légalement ses intérêts, de lui faire courir les chances d'une déception nouvelle; que l'influence du président du conseil était déjà vermoulue, et qu'il devait tomber par cela seul qu'on lui cherchait un point d'appui : mais il est si probable que dans l'idée de M. de Villèle il ne fut pas question d'association franche par l'intermédiaire de M. Flandin, qu'il ne faut pas perdre son temps à faire des réfutations.

M. de Villèle, en proposant de gaîté de cœur à quelqu'un de l'affermir sur son trône ministériel, eût trahi son impuissance. Il a pu la laisser voir, parce que tout était transparent autour de lui; mais le dire! fi donc! c'eût été se suicider, et il aimait mieux mourir de mort lente que d'aller confesser aux libéraux son état désespéré.

Pour finir en deux mots sur M. Flandin, il persévéra courageusement à écrire à propos de tout, et on ne trouva pas à propos de le mêler dans quelque chose; si ce n'est pourtant dans quelques mauvaises plaisanteries. Il en fut instruit, et se coléra tant et tant, qu'à la fin il publia trois cent soixante pages in-octavo, dont les plus curieuses et les moins probantes sont assurément les pièces justificatives : on peut même les traduire par ces mots de l'Intimé à Léandre dans la pièce des *Plaideurs*, quand ce dernier reçoit les plaintes de l'autre contre Chicaneau :

. . . . Monsieur, tâtez plutôt,
Le soufflet, sur ma joue, est encore tout chaud.

RÉPONSE

A Monsieur le Rédacteur du FIGARO.

Paris, 13 janvier 1829.

Monsieur,

Je viens de lire votre article sur la Négociation que j'ai suivie, en décembre 1827, auprès de M. le comte de Villèle, et sur le négociateur.

Il est sans doute permis à tous les journaux, et plus encore à ces feuilles éphémères qui n'ont d'existence réelle que le moment donné à leur lecture, et plus encore à un *Figaro;* il est permis, dis-je, à tous les journaux de mêler la plaisanterie, le sarcasme, le trait malin, aux choses les plus graves : c'est une manière d'égayer leurs lecteurs, de plaire aux esprits légers, dont le nombre est si grand, et qu'une discussion sérieuse fatiguerait. Il est donc tout simple qu'ils en usent; il est même indispensable que ceux de votre ordre s'en fassent comme un aliment, puisque sans ce moyen de succès, le plus grand nombre disparaîtrait bientôt du monde littéraire.

Mais, monsieur, quiconque vous aura lu conviendra que vous avez un peu abusé du privilége attaché à votre titre, en rédigeant l'article auquel je réponds. Je vais essayer de le prouver. Je serai court, car je ne répondrai qu'aux passages de votre article qui méritent quelque attention.

Premièrement, vous annoncez à vos lecteurs que lorsque j'eus la pensée de la négociation, objet de votre critique, je me suis dit : « *M. de Villèle est capable de se faire* « *jésuite.....* »

J'ai dit, monsieur, tout le contraire. Reportez-vous au texte littéral de la résolution de M. le comte de Villèle, que vous trouverez page 93 et suivantes, savoir : celle de supprimer les établissemens fondés par les jésuites ; de dissoudre toutes les corporations de cet ordre, afin, disait-il, *de faire taire des accusations qui ont atteint la personne du roi ;* afin d'empêcher que la paix publique soit troublée plus long-temps par les intrigues de ces religieux.

Secondement, vous dites que j'ai flatté M. de Villèle.

Je crois, en effet, que je lui ai dit quelque part, dans mes notes, qu'il était un homme de beaucoup de sens et d'esprit..... Prétendriez-vous lui refuser ces avantages ? Prenez-y garde ; vous seriez seul de votre opinion, et la recette pourrait plus tard souffrir d'un jugement qui ne prouverait pas en faveur du discernement de *Figaro*.

Mais laissons là l'esprit de M. le comte de Villèle, voire même le vôtre, monsieur, dont vous avez fait une large et bien stérile dépense dans votre article, et venons à ce reproche de flatterie que vous m'adressez. Quand on aura lu mes notes à cet ex-président du conseil, on aura bien de la peine, monsieur, quelque grande que soit l'influence de votre opinion sur l'esprit de vos lecteurs, à trouver qu'elles sont l'œuvre d'un courtisan; car on y verra que je ne l'ai abordé qu'en lui reprochant ses fautes, voire même ses délits politiques, en termes fort peu ménagés; et il y avait quelque courage à le faire..... Si c'est là ce que vous appelez flatter un homme puissant, personne, monsieur, si ce n'est un autre *Figaro*, n'interprétera de la sorte les expressions dont je me suis servi.

Vous ajoutez que *je ne me suis pas oublié*..... C'est donc mentalement; car il n'y a pas dans tout mon écrit un mot qui me soit personnel, dans le sens du moins que vous donnez à entendre, non-seulement dans cette partie de votre article, mais dans plusieurs autres auxquelles je répondrai plus bas. M. Laffitte crut devoir, en parlant à M. de Villèle, s'occuper de mes intérêts, que j'avais oublié totalement, ainsi que je devais le faire dans une semblable occurrence.

Troisièmement, vous dites que tout mandataire doit tirer sa force persuasive de l'émission de ses pouvoirs..... Cela peut être vrai en thèse générale; mais ce principe n'est pas applicable à l'espèce. D'abord j'ai pu laisser croire que j'avais un mandat du parti constitutionnel, dont je voulais servir les intérêts; mais je n'ai pas dit que j'étais son mandataire. Conséquemment, je ne fus tenu à aucune exhibition de pouvoir. Ensuite, voyez combien je suis revêche! j'aurais refusé de tiers, quels qu'ils fussent, le mandat que je me suis donné à moi-même, à moins que l'on n'y eût joint un blanc-seing.

Quant à ce que vous nommez ma *bonhomie*, *Figaro* lui-même l'eût eue, si M. le comte de Villèle lui eût dit, comme à moi : « Je vous recevrai, monsieur, chaque fois « que vous me ferez l'honneur de venir me « voir. Je suis tout prêt à conclure un ar- « rangement ministériel sur les bases que « nous venons d'arrêter. Je ne demande « qu'une chose : c'est de pouvoir discuter le « mérite relatif des individus, par rapport « aux fonctions qu'on leur destinerait. »

Quatrièmement, vous dites que *je ne suis*

pas le seul qui ait essayé une semblable tentative..... Si cela est, monsieur, nommez ceux qui l'ont *essayée ;* dites-nous les résultats qu'ils ont obtenus.

Cinquièmement, vous dites que *je me suis cru nécessaire, lorsque je n'étais qu'importun ; digne d'être écouté, lorsque l'on ne faisait que m'éconduire poliment.* Ici, monsieur, vous changez de rôle ; et, de spirituel, malin et rusé que vous êtes naturellement, vous devenez impoli et pis encore. Cette manière de procéder n'est plus dans votre privilége..... On ne m'a pas éconduit, monsieur. Les termes dans lesquels M. le comte de Villèle s'exprima, lorsque je le quittai le 17 décembre, et que je viens de rapporter, auraient dû vous mettre en garde contre le danger qu'il y a, pour la réputation de votre journal, à dire les choses tout autrement qu'elles ne sont. Tout mon livre prouve que j'ai été reçu et écouté comme voulaient que je le fusse, et la matière que je traitais, et la forme que je donnai à mes démarches.

Sixièmement, vous continuez, et, des espiégleries, vous passez aux sarcasmes grossiers. Encore une fois, cela n'est pas dans votre privilége.

Je ne sais pas, monsieur, si *l'ordinaire était bon* chez M. de Villèle..... Je le crois sans peine. Ce que je sais, ce que vous avez eu le temps d'apprendre, depuis huit jours que vous préparez votre article ; ce que tous ceux qui me connaissent savent très bien, c'est que, fort peu courtisan de ma nature, je n'ai jamais *grossi la foule* des hommes de lettres qui courent s'asseoir à la table des ministres ou des riches banquiers, ou des présidens de la chambre élective, ni pris part à leurs largesses ou à leurs faveurs. Beaucoup de gens, vendeurs d'esprit et de bons mots, et de méchans articles, ne pourraient pas en dire, peut-être, autant, et le dire dans un journal.

Septièmement, *la prévention*, dites-vous, *suffisait pour savoir que mon pied-à-terre politique était dans mes souliers*. Ah! monsieur, pour un homme d'esprit, et dans une matière aussi grave, voilà une manière de parler qui est bien triviale! Sans doute, la prévention, ou, pour parler plus convenablement, la connaissance de mon individu, mon nom et le peu de souvenirs administratifs qui s'y rattachent, tout cela suffisait, sans doute, pour apprendre à mon *habile adversaire* que je n'étais ni pair, ni député, ni au haut de l'échelle sociale, du milieu de laquelle des intrigues ministérielles, une longue série d'injustices et de circonstances qu'il est inutile de rappeler ici, m'avaient précipité. Tout cela, et plus que tout cela, la loi que je m'étais faite de ne pas mentir, en me prévalant d'un mandat que je n'avais pas, suffisait pour lui apprendre que mon pied-à-terre politique était, non pas *dans mes souliers*, mais bien dans ma tête, qui a su concevoir et osé entreprendre ce que tant de gens éminens avaient eu, dit-on, la pensée de faire....

Huitièmement : votre troisième colonne, monsieur, est un composé d'inexactitudes. Peut-être que ceux qui auront lu mon écrit et votre article se serviront d'une expression plus rationnelle; mais je me suis promis de ne pas sortir, en vous répondant, des bornes de la politesse; je n'emploie donc que celle d'inexactitude, et j'en prouve la justesse, en vous disant : « Si M. Laffitte n'eût voulu, comme vous l'avancez assez légèrement, autoriser ce qu'à propos de ma négociation vous nommez un *mensonge*, une *supercherie*, il eût dû :

1° Ne pas avoir avec moi six entretiens;

2° Ne pas se lier avec moi d'intérêt dans toute cette affaire;

3° Ne pas exiger que je lui confiasse, pour en conférer avec ses amis, le résumé de ma conférence du 17 décembre avec M. le comte de Villèle, c'est-à-dire, les bases du traité que j'avais discuté avec ce ministre.

4° Ne pas aller, d'après mes conseils, chez M. de Villèle, pour connaître ses véritables intentions, qu'il lui manifesta en ces termes : » Oui, monsieur, tout ce que j'ai « fait, tout ce dont je suis convenu avec « M. Flandin, je suis prêt à le réaliser : je « veux avoir tous ministres libéraux avec « moi..... »

5° Enfin, M. Laffitte n'eût pas dû me charger auprès de M. le comte de Villèle de l'espèce de mission que j'ai expliquée, page 160 et suivantes.

Neuvièmement, vous poussez loin vos argumens, et vous dites, monsieur, qu'il y eût eu déshonneur politique à s'associer à M. de Villèle..... Je suis fâché que vous n'ayez pas expliqué les motifs de ce déshonneur ; il y aurait eu de la justice et une sorte de courage à le faire en termes clairs ; et puis, je vous dirai qu'il n'y a jamais du déshonneur à s'associer pour faire le bien ; et que l'on ne doit jamais, selon l'opinion du grand orateur (1), qui est celle de tous les hommes qui aiment véritablement leur pays, peser dans la même balance, et les intérêts d'un homme et ceux de la patrie. Je sais tous les méfaits politiques que l'on peut reprocher à l'administration de M. le comte de Villèle ; mais je n'ai jamais entendu dire, je n'ai lu dans aucun des Mémoires du temps que, ainsi que cela s'est fait, peut-être, sous un autre règne, qui est déjà de l'histoire, et en servant un autre pouvoir, M. le comte de Villèle ait reçu,

(1) Mirabeau.

étant ministre des Bourbons, une pension des membres de la famille Bonaparte, pour la tenir informée de ce qui se passait en France, pour lui faire connaître la disposition des esprits à son égard. Cependant ce serait là, convenez-en, monsieur, un délit qui entraînerait le déshonneur de celui qui s'en serait rendu coupable, et qui aurait pu, par contre-coup, compromettre l'honneur politique des hommes qui se seraient associés à lui.

Je finis ici ma réponse, monsieur, et je vous crois, malgré la partialité que vous avez montrée dans tout votre article, assez équitable pour ne pas vous refuser de l'insérer dans votre prochain numéro.

Je suis, avec une parfaite considération,

Monsieur,

Votre très humble et très obéissant serviteur,

FLANDIN.

JOURNAL DE PARIS.

Jeudi 15 janvier 1829.

Ce fut un singulier et curieux désappointement que celui de M. le comte de Villèle à l'époque des fameuses élections de 1827. Bercé par les rapports officiels et officieux de ses préfets, endormi par six années d'un pouvoir corrupteur et impuni, tout plein de confiance dans sa recette monarchique et religieuse pour escamoter les vrais et loyaux électeurs et en fabriquer de contrebande à la façon de M. le président Amy, monseigneur se croyait assuré de son grand coup d'état, et se frottait les mains d'avance, en signe de succès ; les élus seraient tous selon les vœux de son excellence, et la France allait se voir, sans miséricorde ni merci, livrée à ses expériences contre-révolutionnaires ! C'était l'affaire de MM. les préfets, sous-préfets, maires, adjoints et autres fabricans de listes électorales. Songe délicieux pour le ministre en chef de la censure, du sacrilége, du droit d'aînesse, du déficit et des novembrisades ! rêve tout ministériel !

Mais tout à coup le télégraphe a parlé : M. le comte a vu les signaux. Quels gens lui arrivent? Ce ne sont pas à coup sûr ceux-là qu'il attendait, gens de mauvaise humeur, de race industrielle et plébéienne pour la plupart, qui voudront voir clair dans le budget, et demanderont des nouvelles de la Charte. A chaque nom de ces nouveau-venus, M. le comte de Villèle se sent culbuté de position en position, et incessamment mis hors de son hôtel Rivoli, si cher aux contribuables. Bignon l'attaque dans son boudoir, Kératry le chasse de sa chambre à coucher, Benjamin Constant le poursuit à travers son beau salon, Dupont enlève de vive force la salle où se restauraient les trois cents, Lafayette pousse monseigneur jusqu'à la porte de l'antichambre, et les élections terminées, voilà M. le comte de Villèle qui se trouve suspendu au haut de son escalier, tout prêt, au moindre choc libéral, à descendre les degrés quatre à quatre.

Vous sentez si ce fut une cruelle perspective pour lui! A le bien prendre, en fait de bévues prophétiques et de prescience avortée, M. le comte de Villèle n'en était point à son coup d'essai. Chacun se rappelle comme il devina juste en annonçant la fortune des trois pour cent, et tant d'autres faits et gestes de son incomparable administration; mais dans toutes ces prévisions, démenties au-dehors comme au-dedans, il n'y avait, en définitive, que la France d'aventurée; que sa fortune, sa dignité, son avenir de compromis: pure bagatelle! Ici, dans cette mystification électorale, c'était de M. de Villèle qu'il s'agissait, de M. de Villèle tout entier, avec son hôtel de ministre, son factionnaire, son portefeuille de maroquin rouge, et cette vanité entêtée qui fait qu'une excellence veut rester excellence quand même, malgré les besoins du moment, malgré les vœux d'une nation tout entière, uniquement pour ne point en avoir le démenti.

Aussi, après ces élections si menaçantes, et pour obvier à leur dénoûment probable (la chute de M. de Villèle), de combien de combinaisons, de fusions, transactions politiques, dut se charger, en méditations et en calculs, la conscience administrative, si flexible et si accommodante, de M. le président du conseil ? De combien de machines n'essaya-t-il pas les ressorts, à part lui, au coin de son feu, au milieu de la nuit, quand il rêvait éveillé ou endormi aux chances probables qui lui restaient pour garder son cher portefeuille ?

Dans une telle perplexité, M. le comte de Villèle se serait accroché à un roseau, à un brin d'herbe, pour tâcher d'échapper au naufrage. Il se prit donc un moment à M. J. B. Flandin, ancien commissaire des guerres et chevalier de la Légion-d'honneur ; c'est du moins ce que M. Flandin nous apprend lui-même dans l'écrit qu'il vient de publier (1).

---

(1) *Révélations sur la fin du ministère de M. le comte de Villèle*, ou Détails d'une négociation pour former au nom du roi un ministère constitutionnel ; par P. J. B. Flandin. Un vol. in-8°. Prix : 6 fr., et 7 fr. 25 c. par la poste. Chez Moutardier, rue Gît-le-Cœur, n. 4 ; et chez Mongie, boulevard Italien, n. 10.

M. Flandin s'inquiétait, avec toute la France, de la grande crise amenée par les élections; il était évident pour tout le monde que le trône ministériel de M. de Villèle devait enfin s'écrouler; mais quels hommes le remplaceraient au pouvoir? quelle direction nouvelle allait être imprimée à l'administration? c'est ce que personne ne pouvait deviner. Chacun donc en était aux conjectures: M. Flandin alla plus loin; il en vint à une utopie qu'il tenta sur-le-champ de réaliser; oui, M. Flandin, ex-fonctionnaire à demi-solde, demeurant tout simplement rue Bergère, vint se jeter, lui chétif, à travers les grandes inquiétudes ministérielles, avec un projet d'accommodement qui devait, la brochure le dit, sauver la France et la Charte; rien que cela. Mais quel était ce projet? Vous allez le savoir: M. Flandin avait dans sa poche un petit ministère tout prêt, composé de MM. Daru, Royer-Collard, Laffitte, Casimir-Périer, etc., et à la tête, et comme président de ce ministère, M. Flandin plaçait.... qui? je vous le donne en dix, en vingt, en cent, comme dit Mad. de Sévigné; M. Flandin plaçait.... M. le comte de Villèle. On aura beau dire que c'est pis que le mariage du Saint-Père avec la république de Venise, pis que le monstre de l'art poétique, M. Flandin n'en démordra pas, et vous soutiendra *mordicus* que son projet était le plus raisonnable du monde.

C'est que M. Flandin s'est figuré que M. le comte de Villèle n'a dissous la chambre que pour amener une majorité constitutionnelle, et se débarrasser de ses amis de droite, des jésuites surtout, qui le poussaient trop fort et trop loin. Nous demanderons, cependant, à M. Flandin d'où lui vient cette conviction? Est-ce, par hasard, de quelque confidence que lui aurait faite, au mois de novembre, un des malheureux mitraillés par les gendarmes de M. de Villèle, pour avoir crié *vive la Charte!* et allumé des lampions en l'honneur des députés constitutionnels nouvellement élus?

Quoi qu'il en soit, voilà M. Flandin en campagne avec son projet de ministère; et comme on est sûr d'être bien reçu de M. de Villèle dès qu'on vient lui parler de portefeuille à prendre ou à garder, M. Flandin va tout droit à son excellence. La première audience n'eut pas de résultat important, à moins qu'on ne prenne pour tel ces paroles de monseigneur à M. Flandin : « Bonjour, monsieur, qu'est-ce qu'il y a pour votre service ? » Cela dit, M. Flandin se retira, laissant à M. le comte de Villèle un mémoire sur la question du ministère, mémoire que M. le comte promit de lire.

Cependant, M. de Villèle ne donnant pas signe de vie au négociateur, l'imagination de M. Flandin travaille; il écrit à Mgr le duc d'Angoulême pour l'instruire de la démarche qu'il vient de faire, et, partant de ce point, rappelle qu'en 1815 il fit part aux ministres et au prince de ses vues sur l'administration. Cette communication eut le sort des prédictions de Cassandre, et le 20 mars arriva. Voilà ce qu'on gagne à ne point écouter M. Flandin.

Après un second mémoire et une seconde lettre, arrive enfin une seconde audience. M. de Villèle reçoit M. Flandin dans ses salons, mais le reçoit, cette fois, avec prévenance, avec politesse, avec amabilité même, comme on doit accueillir un homme qui veut bien prendre la peine de vous conserver une place de ministre et 150,000 fr. d'honoraires.

La discussion est ouverte; M. Flandin commence son exorde, disant à M. de Villèle ses dures vérités; M. le comte est doux, patelin, poli, il répond oui à chaque mot.

> Et d'une voix papelarde
> Il contrefait son ton en disant : foin du loup !

M. Flandin cependant déroule sa liste de candidats; là sont MM. Bignon, Laffitte, Gérard, Lamarque, Mollé, Royer-Collard, etc., M. le comte de Villèle ne s'effarouche de rien; il n'a de répugnance pour aucun de ces messieurs; de tout son cœur il s'associera aux élus de M. Flandin. Quant à ses collègues, il est tout prêt à les jeter à la mer pour sauver son équipage; il n'y tient pas le moins du monde; que messire Peyronnet suive M. de Clermont-Tonnerre; que MM. Delavau et Franchet tombent comme des capucins de carte, avec M. Frayssinous, les collègues de M. de Villèle reçoivent tous un échantillon de son estime et de son amitié ; il n'est pas enfin jusqu'à M. de Vaulchier que M. de Villèle ne traite de *pauvre homme*.

Toutes ces concessions et confessions faites, M. Flandin sort enchanté de sa conférence. C'est lui, c'est M. Flandin, ex-commissaire des guerres, qui va donner un ministère à la France ! M. Flandin n'a pas encore ce ministère dans ses mains, mais c'est comme s'il le tenait. Vite, il court chez M. Laffitte, il frappe à la porte de M. Casimir Périer, il sonne chez M. Royer-Collard, pour annoncer la grande nouvelle. Mais un mot échappé à M. Laffitte dans une entrevue avec M. de Villèle, un seul mot renverse tout le ministère de Flandin, ce qui, par parenthèse, ne fait guère l'éloge de sa solidité. Aussi M. Flandin en veut-il à M. Laffitte pour ce mot seul, plus que pour un long discours (1).

---

(1) M. Laffitte s'est borné à dire à M. de Villèle que M. Flandin avait pris sur lui la démarche qu'il avait hasardée, et que personne ne lui avait donné mission de la faire.

Éconduit poliment par M. le comte de Villèle, par MM. Royer-Collard et Casimir Périer, M. Flandin ne perd par courage ; il écrit à M. Charles de Damas, à M. le comte d'Ascher, au duc d'Angoulême, au roi lui-même, toujours dans l'intérêt de son ministère. Enfin paraît l'ordonnance royale qui nomme un successeur à M. de Villèle : il était temps qu'elle vînt mettre un terme aux frais que M. Flandin faisait depuis un mois en plumes, en courses et en papier.

Maintenant nous n'avons qu'une chose à dire à M. Flandin, tout en rendant justice aux motifs honorables qui l'ont fait agir ; c'est que personne n'a nui au succès de son projet, parce que ce projet était inexécutable. M. le comte de Villèle a joué au fin avec lui ; il a joué, suivant son habitude, *cartes sur table*, en l'accueillant, en l'écoutant, en entrant dans quelques confidences. C'est qu'en effet M. de Villèle était dans une position à écouter le premier faiseur de projets qui lui parlerait de son salut ; c'est que M. de Villèle se serait donné à Asmodée s'il était sorti de sa bouteille, voire à Méphistophélès.

Cela posé, le ministère de M. Flandin peut être mis à côté des *électeurs héréditaires* de M. Cottu.

RÉPONSE

A M. le rédacteur en chef du JOURNAL DE PARIS.

Paris, le 15 janvier 1829.

Monsieur,

Je crois devoir répondre à l'article que vous publiez par votre numéro de ce jour, relativement à la négociation que j'entrepris en décembre 1827, à l'effet de composer une administration purement constitutionnelle. Je négligerai de relever les erreurs dans lesquelles une lecture, sans doute un peu hâtive, de mon écrit vous a fait tomber en parlant de mes démarches, de ma correspondance avec divers personnages, et notamment avec M. le *comte* d'Ascher (1), qui

(1) C'est M. le baron Dacher, secrétaire de M. le Daúphin, et non M. le *comte d'Ascher*.

n'intervient dans mon récit que parce qu'il fut chargé par Monsieur le Dauphin de me remercier de la communication que je lui avais faite de ma première note à M. le comte de Villèle, et pour me prier, au nom et de la part de ce prince, de tenir S. A. R. exactement informée de ce que je ferais.

J'irai droit au but, et je vous dirai, monsieur :

Oui, je soutiens que l'arrangement que j'avais conclu avec M. le comte de Villèle, le 17 décembre 1827, était le plus raisonnable; car,

Premièrement : Cet arrangement donnait à la France un ministère avec lequel elle n'eût eu plus rien à craindre pour ses institutions; un ministère sous lequel toute influence jésuitique eût disparu; un ministère sous lequel notre législation eût été rectifiée, complétée conformément au texte et à l'esprit de la Charte.

Secondement : cet arrangement conservait dans le ministère un homme, M. le comte de Villèle, qui était devenu, malgré les grandes fautes qu'il avait commises, malgré tous les délits politiques dont vous rappelez le souvenir, par la grande confiance que le roi lui accordait, un instrument nécessaire au bien que j'avais eu en vue, et que ce ministère eut infailliblement accompli.

Et veuillez bien remarquer, monsieur, que cette opinion que j'émets ici n'est pas seulement la mienne; mais bien encore celle de M. Laffitte, ainsi que vous avez pu vous en convaincre, si vous avez lu avec attention les pages 106 et 107, et généralement tous mes entretiens avec cet honorable citoyen, que j'ai rapportés textuellement dans mon ouvrage. Je pourrais ajouter que cette opinion est aujourd'hui celle de tous les hommes qui n'apportent à l'examen de la question que mes *Révélations* ont agitée, que la passion du bien public.

Vous dites que *mon projet était inexécutable.* Il eût été bien de dire en quoi; car, discuter sommairement et avec légèreté sur une question aussi grave que celle dont il s'agit, la trancher, ce n'est pas l'examiner. Or, les bons esprits, les esprits judicieux n'accorderont qu'au raisonnement le privilége de la résoudre.

Il est clair, monsieur, que si vous partagez l'opinion si commode pour les gens qui ne se donnent pas la peine de réfléchir, savoir, que les hommes constitutionnels que j'avais cru pouvoir présenter, pour composer la nouvelle administration, se seraient déconsidérés, compromis, déshonorés, s'ils fussent entrés dans le conseil à côté de M. le comte de Villèle, la conséquence de cette opinion sera effectivement que mon projet était inexécutable.

Mais, monsieur, penser de la sorte, ce serait faire d'une question d'état une question d'hommes. En politique, on ne se déconsidère jamais, on ne se compromet, on ne se déshonore pas en s'associant pour faire le bien de son pays. Il serait temps de faire du patriotisme avec des actions, et non plus seulement avec des paroles. On ne doit jamais, selon cette belle maxime d'un grand orateur (1) d'une autre époque, peser dans la même balance les intérêts d'un homme et ceux de la patrie.

---

(1) Mirabeau.

Et voilà pourtant, monsieur, ce que l'on a fait dans la circonstance dont j'ai raconté les détails ; voilà ce que l'on fait encore dans les raisonnemens que l'on oppose aux combinaisons de décembre 1827....! Avec de pareilles idées, avec un patriotisme aussi étroit, aussi égoïste, on rive ses fers, monsieur, on ne les rompt pas.....

Je vous prie, monsieur, de vouloir bien insérer cette lettre dans votre plus prochain numéro, et de recevoir l'assurance de ma considération la plus distinguée.

FLANDIN.

A M. le rédacteur du COURRIER FRANÇAIS.

Paris, 19 janvier 1829.

Monsieur,

C'est une étrange manière de servir les intérêts constitutionnels, que de refuser à l'un des principaux membres du parti qui s'est voué à la défense de ses intérêts, le mérite d'avoir concouru à un arrangement qui leur était si favorable. C'est une singulière manière d'argumenter, que de parler avec dérision d'un pareil arrangement.

C'est cependant ce qu'a fait le rédacteur d'un article qui a paru dans votre journal de ce jour, dans lequel, abordant, à propos de la brochure de M. Cottu, les *révélations* que j'ai faites de mes négociations de décembre 1827, il dit que *M. Laffitte, déclarant tout nettement à M. de Villèle que je n'avais aucun mandat, coupa court à ma négociation.*

Je suis étonné, monsieur, qu'un journal

aussi estimable que le vôtre, qui défend si noblement nos intérêts, et concourt si puissamment à former l'opinion publique, ait cru devoir, dans un intérêt individuel, dans un intérêt d'amour-propre ou de quiétude personnelle, présenter des choses aussi graves que celles que j'ai traitées, autrement que je ne les ai rapportées dans mon écrit. Je m'étonne qu'il ait cru pouvoir en parler avec un laconisme si peu équitable.. Il est des journaux qui peuvent impunément user du privilége de trahir la vérité; mais il en est d'autres qui, ne devant la confiance dont ils jouissent qu'à l'opinion que l'on a de leur loyauté, de leur exactitude à rendre sans altération les faits qu'ils livrent à la curieuse attention de leurs lecteurs, manquent à cette condition de leur existence, lorsqu'ils cessent d'être vrais, et le *Courrier* est du nombre de ces derniers.

M. Laffitte, monsieur, n'a point *déclaré nettement que je n'avais pas de mandat.* Cet imprudent aveu lui est échappé dans un entretien qui, loin d'avoir eu pour objet, de sa part, de me désavouer, devait être, et fut tout entier consacré à s'assurer que M. de Villèle était, d'après les ordres du roi, dans les intentions de former une administration constitutionnelle; ce que M. Laffitte n'eût pas fait, s'il n'eût eu que l'intention de me désavouer en déclarant que j'avais agi sans mandat. Si vous eussiez lu avec attention les pages 106, 107, 115, 116, 134, 149, 159, 160 et 180, de mon livre, vous eussiez été convaincu des véritables dispositions de M. Laffitte, dans toute cette affaire, et je ne serais pas aujourd'hui dans le cas de vous adresser ces explications.

Que ce soit devenu une chose de goût, de sentiment, de bon ton, de calcul, peut-être, de nier que M. Laffitte ait pris une part directe, loyale et très active à tout ce que j'ai fait, cela se conçoit. Des refus opiniâtres, déraisonnables, coupables au jugement des hommes qui réfléchissent sans passion sur les événemens; ces refus ayant fait échouer une négociation qui donnait à la France, de suite et pour toujours, toutes les satisfactions que ses mandataires ont reçu d'elle la mission d'exiger du pouvoir, on peut croire qu'il y a un certain intérêt à la justifier en parlant avec ironie, comme le fait le rédacteur de cet article, d'un arrangement qui *montrait M. de Villèle le défenseur de la Charte, et les libéraux le soutien de M. de Villèle*..... Tout cela peut être jugé, par certains esprits, utile à la concentration de la force numérique de l'opposition constitutionnelle.

Mais des critiques peu équitables, peu bienveillantes, qui n'eussent pas dû sortir de la plume des journaux qui défendent les intérêts que j'ai servis dans ma négociation, ces critiques n'empêcheront pas que ce qui fut n'ait été; elles ne feront croire à aucun de ceux qui m'ont lu sans passion, que M. Laffitte ait voulu me désavouer, lorsque tout, dans un écrit dont personne n'osera tenter de nier l'exactitude, démontre qu'il applaudit à mon zèle, qu'il approuva tout ce que j'ai fait, qu'il y prit un grand intérêt, une grande part, et qu'il n'a pas dépendu de lui que ma négociation ait eu un prompt et entier succès, un succès qui eût donné à la France entière les garanties et les institutions qu'elle n'obtiendra pas dans vingt-cinq ans, si toutes les sessions à venir ressemblent à celle de 1828.

Déverser le ridicule sur la combinaison que j'avais imaginée, que j'avais fait accepter par M. de Villèle, parlant au nom du roi, ce n'est pas raisonner. Je ne sais pas si *le rôle que j'ai fait jouer à M. de Villèle et aux libéraux leur eût donné une grande force morale* auprès de certaines personnes qui croient avoir à blâmer cette combinaison; mais je sais, et il n'y a pas aujourd'hui deux opinions parmi les hommes sages du parti constitutionnel dans les chambres et hors d'elles (1); je sais, dis-je, qu'elle leur eût donné une grande force morale auprès de cette immense multitude qui s'attache aux principes, aux doctrines, et non aux individus; qui veut des institutions, des garanties, et non des satisfactions individuelles; qui demande que l'on fasse du patriotisme en actions, et non plus seulement en paroles;

---

(1) Je pourrais, si je n'étais retenu par la discrétion, vous citer des noms qui font autorité, même auprès des hommes les plus ardens du parti constitutionnel.

qui trouvera toujours mauvais que ceux qui sont chargés de ses intérêts sacrifient les choses aux personnes, le bien public à des haines particulières, comme il faut bien finir par reconnaître qu'on l'a fait dans la circonstance qui nous occupe.

J'attends, monsieur, de votre impartialité, que vous voudrez bien insérer cette lettre dans l'un de vos plus prochains numéros, et j'ose vous en prier.

Je suis avec une parfaite considération,

Monsieur,

Votre très humble et obéissant serviteur,

FLANDIN.

A M. le Rédacteur du GLOBE.

Paris, 22 janvier 1829.

Monsieur,

Vous êtes encore inexact, injuste envers moi.

Vous dites, à propos d'un ministère de coalition, à la tête duquel serait placé M. de Polignac : « Il n'y a que M. Flandin qui puisse concevoir de telles rêveries... »

Lisez, monsieur, mon second Mémoire au Roi, que vous trouverez à la page 268 de mes *Révélations*, et reconnaissez toute votre erreur sur ce point. Voilà comment je me suis exprimé dans ce Mémoire sur le compte de M. Polignac et de ses amis :

« Sire, on peut honorer, on peut même « estimer, comme hommes privés, ces chefs « du parti de la contre-révolution ; mais il « faut se hâter de les repousser lorsqu'ils se « présentent comme hommes politiques, « lorsqu'ils osent prétendre à siéger dans les « conseils de votre majesté. »

Est-ce donc là, monsieur, le langage d'un homme qui *rêverait* la formation d'un ministère de coalition, à la tête duquel M. de Polignac serait appelé ?

Continuez à lire ce second Mémoire, monsieur, et dites si aucun orateur, aucun écrivain s'est jamais exprimé, en s'adressant au roi, avec plus de franchise, de liberté, d'énergie, de courage que je ne l'ai fait dans ce Mémoire, dans lequel je n'eus en vue que de montrer à sa majesté le danger imminent qu'il y avait pour le trône, à confier les rênes du gouvernement aux hommes que je nomme, aux Polignac, aux Blacas, aux La Bourdonnays.

Ne confondez pas, monsieur, les époques, les hommes, les circonstances; ne donnez pas à mes combinaisons politiques une couleur qu'elles n'eurent pas, ne leur prêtez pas une intention qui ne fut jamais la mienne.

J'avais décidé M. le comte de Villèle, qui y était autorisé par le roi, à se placer au milieu des chefs de l'opposition constitutionnelle, au milieu des intérêts que le Charte a créés, au milieu des droits qu'elle a reconnus et garantis, et à mettre notre législation, les hommes et les choses en harmonie avec ces intérêts, avec ces droits. — La pensée d'un pareil arrangement avec M. de Polignac serait une *rêverie*, puisqu'il serait impraticable. En était-il de même avec M. le comte de Villèle? demandez-le à M. Lafitte : il vous répondra, en vous répétant la question qu'il fit à ce ministre, et la réponse qu'il en reçut au nom du roi (1).

J'ose espérer, monsieur, que vous donnerez une place à cette lettre dans votre prochain numéro.

J'ai l'honneur d'être, avec une parfaite considération,

FLANDIN.

---

(1) M. Laffitte demandant à M. de Villèle s'il était vrai que le roi l'eût autorisé à former une administration constitutionnelle, ce ministre lui répondit : « Oui, monsieur; le résultat des élections étant connu, « je dis à sa majesté : — Sire, de nouveaux hommes, de « nouveaux intérêts arrivent à la Chambre; il con« vient de se placer au milieu de ces intérêts, de ces « hommes nouveaux. — Alors le roi me dit : — Eh « bien! M. de Villèle, faites ce que vous jugerez con« venable; je serai toujours avec vous!... »

TABLE DES MATIÈRES.

CHAPITRE I.

CHAPITRE II.

CHAPITRE III.

CHAPITRE IV.

CHAPITRE V.

CHAPITRE VI.

CHAPITRE VII.

CHAPITRE VIII.

CHAPITRE IX.

CHAPITRE X.

CHAPITRE XI.

CHAPITRE XII.

CHAPITRE XIII.

CHAPITRE XIV.

www.ingramcontent.com/pod-product-compliance
Ingram Content Group UK Ltd.
Pitfield, Milton Keynes, MK11 3LW, UK
UKHW012148240726
13966UKWH00001B/202